Formação continuada de professores

uma releitura das áreas de conteúdo

2ª edição

Dados Internacionais de Catalogação na Publicação (CIP)
(Câmara Brasileira do Livro, SP, Brasil)

F723	Formação continuada de professores : uma releitura das áreas do cotidiano/Anna Maria Pessoa de Carvalho (org.). – 2. ed. – São Paulo, SP: Cengage, 2017. 176 p.; 23 cm. Inclui bibliografia. ISBN 978-85-221-2566-1 1. Professores – Formação. 2. Educação permanente. 3. Ensino fundamental – Currículos. I. Carvalho, Anna Maria Pessoa de.
CDU 371.13	CDD 370.71

Índices para catálogo sistemático:

1. Professores : Formação   371.13
(Bibliotecária responsável: Sabrina Leal Araujo – CRB 10/1507)

Formação continuada de professores

uma releitura das áreas de conteúdo

2ª edição

Anna Maria Pessoa de Carvalho (org.)
Claudemir Belintane • Katia Maria Abud
Lívia de Araújo Donnini Rodrigues
Marcos Garcia Neira • Maria Emilia de Lima
Nílson José Machado • Sílvia Luzia Frateschi Trivelato
Sonia Maria Vanzella Castellar

Austrália • Brasil • Japão • Coreia • México • Cingapura • Espanha • Reino Unido • Estados Unidos

Formação continuada de professores: uma releitura das áreas de conteúdo
2ª edição

Anna Maria Pessoa de Carvalho (org.), Claudemir Belintane, Katia Maria Abud, Lívia de Araújo Donnini Rodrigues, Marcos Garcia Neira, Maria Emilia de Lima, Nílson José Machado, Sílvia Luzia Frateschi Trivelato, Sonia Maria Vanzella Castellar

Gerente editorial: Noelma Brocanelli

Editora de desenvolvimento: Regina Helena Madureira Plascak

Supervisora de produção gráfica: Fabiana Alencar Albuquerque

Editora de aquisições: Guacira Simonelli

Especialista em direitos Autorais: Jenis Oh

Copidesque: Norma Gusukuma

Revisão: Silene Cardoso, Vero Verbo Serviços Editoriais e FZ Consultoria Educacional

Pesquisa iconográfica: Tempo Composto

Diagramação: Alfredo Carracedo Castillo

Capa e projeto gráfico: Megaart Design

Imagem da capa: Lightspring/Shutterstock

© 2003, 2017 Cengage Learning Edições Ltda.

Todos os direitos reservados. Nenhuma parte deste livro poderá ser reproduzida, sejam quais forem os meios empregados, sem a permissão, por escrito, da Editora. Aos infratores aplicam-se as sanções previstas nos artigos 102, 104, 106 e 107 da Lei nº 9.610, de 19 de fevereiro de 1998.

Esta Editora empenhou-se em contatar os responsáveis pelos direitos autorais de todas as imagens e de outros materiais utilizados neste livro. Se porventura for constatada a omissão involuntária na identificação de algum deles, dispomo-nos a efetuar, futuramente, os possíveis acertos.

A Editora não se responsabiliza pelo funcionamento dos links contidos neste livro que possam estar suspensos.

Para informações sobre nossos produtos, entre em contato pelo telefone **0800 11 19 39**

Para permissão de uso de material desta obra, envie seu pedido para **direitosautorais@cengage.com**

© 2017 Cengage Learning. Todos os direitos reservados.

ISBN-13: 978-85-221-2566-1
ISBN-10: 85-221-2566-X

Cengage Learning
Condomínio E-Business Park
Rua Werner Siemens, 111 – Prédio 11 – Torre A
Conjunto 12
Lapa de Baixo – CEP 05069-900 – São Paulo – SP
Tel.: (11) 3665-9900 – Fax: (11) 3665-9901
SAC: 0800 11 19 39

Para suas soluções de curso e aprendizado, visite **www.cengage.com.br**

Impresso no Brasil.
Printed in Brazil.
1 2 3 4 5 6 7   19 18 17 16

Sumário

	Apresentação *Anna Maria Pessoa de Carvalho* vii
	Sobre os autores xi
Capítulo 1	O que há em comum no ensino de cada um dos conteúdos específicos *Anna Maria Pessoa de Carvalho* 1
Capítulo 2	Formação contínua na área de linguagem: continuidades e rupturas *Claudemir Belintane* 15
Capítulo 3	Formação do professor de matemática: currículos, disciplinas, competências, ideias fundamentais *Nílson José Machado* 37
Capítulo 4	Ensino de ciências e formação de professores *Sílvia Luzia Frateschi Trivelato* 69
Capítulo 5	Um projeto de formação continuada para professores de história *Katia Maria Abud* 89

Capítulo 6　Geografia escolar e a formação docente
　　　　　　Sonia Maria Vanzella Castellar 101

Capítulo 7　A formação de professores de educação física na rede municipal de São Paulo e o movimento de reorientação curricular
　　　　　　Maria Emilia de Lima e Marcos Garcia Neira 125

Capítulo 8　Formação continuada em língua inglesa
　　　　　　Lívia de Araújo Donnini Rodrigues 147

Apresentação

Esta segunda edição de nosso livro *Formação continuada de professores* foi replanejada pelos professores das disciplinas de metodologia de ensino dos conteúdos específicos da Faculdade de Educação da Universidade de São Paulo (Feusp), que lecionaram e ainda lecionam nos cursos de formação continuada organizados pela Fafe – Fundação de Apoio à Faculdade de Educação – para prefeituras e organizações que nos procuram. Como os cursos vêm se atualizando, consideramos que este livro também merecia ser revisto.

A sociedade mudou e a escola se transformou – e as propostas de ensino devem acompanhar essas mudanças. Além das influências sociais, o ensino de cada uma das disciplinas escolares também sofre reformulações provenientes dos resultados das pesquisas que estão sendo desenvolvidas no ensino e na aprendizagem dessas áreas curriculares. E nesses últimos anos, quando a educação passou a ser considerada uma área essencial no desenvolvimento econômico e social das nações, muitas foram as investigações sobre os modos como se ensina, como se aprende e, especialmente, como se propõe a formação continuada dos professores.

Na construção do projeto político-pedagógico, a voz dos professores deve ser ouvida, pois serão eles os responsáveis por levar para a sala de aula as inovações propostas pelo coletivo da escola e por desenvolver, em parceria com os alunos e com o apoio da equipe diretiva da escola, as atividades programadas para dar um novo caráter à tão esperada renovação curricular. Assim, os professores devem estar preparados para assumir essa liderança e, principalmente, ter uma linguagem comum para que ao falar, ao propor inovações, possam entender e ser entendidos pelos colegas. Se o coletivo da escola deve ter uma linguagem comum para que possa construir a nova escola exigida pela sociedade, então cada um dos professores deve saber traduzir, dentro de seu conteúdo específico e com ações bem determinadas, os ideais discutidos na coletividade.

Não é fácil realizar essa tradução porque ela deve integrar duas dimensões importantes: o conteúdo e sua metodologia de ensino. O professor precisa atualizar-se no seu conteúdo, pois a produção de conhecimento em cada uma das áreas cresceu imensamente nestes últimos anos, ocasionando um vácuo entre o que se ensina na escola e o que acontece no mundo fora dela. Não sendo mais possível transmitir às novas gerações tudo o que foi produzido pelas gerações anteriores, temos de fazê-las compreender o essencial de cada área, como o conhecimento é construído em cada uma delas e como essas áreas interagem entre si modificando-se e modificando a compreensão do mundo.

Entretanto, os professores precisam se atualizar, também e principalmente, nas metodologias de ensino específicas de seus conteúdos, uma vez que conhecer o conteúdo que se vai ensinar, embora seja condição necessária a qualquer professor, está longe de ser suficiente. Trazer para a sala de aula esses novos conteúdos em uma linguagem acessível aos alunos, por meio de atividades intrigantes e motivadoras que os ajudem a construir um conhecimento duradouro e significativo, é a principal função do professor. E isso é o que a sociedade e a escola esperam desse profissional.

Este livro aborda os aspectos inovadores do ensino de cada uma das disciplinas escolares, enfocando especialmente o segundo ciclo do ensino fundamental, pois é nesse nível que se inicia o aprofundamento, por parte dos alunos, dos campos de conhecimento que a humanidade desenvolveu.

É nessa fase que, na maioria das escolas, os alunos começam a ter aulas com professores especialistas – um para cada matéria.

Houve, para esta nova edição, uma mudança de autores em dois dos capítulos: Nílson José Machado escreve no lugar de Maria do Carmo Santos Domite sobre o ensino de matemática, e a dupla Marcos Garcia Neira e Mauro Gomes de Mattos foi substituída pela dupla Maria Emilia de Lima e Marcos Garcia Neira, no capítulo sobre o ensino de educação física.

O capítulo de Claudemir Belintane apresenta os problemas da formação continuada na área de linguagem, procurando exemplificar o processo dessa formação com o curso que foi realizado para a rede municipal de ensino de São Paulo.

Nílson José Machado discute o problema da formação continuada dos professores de matemática, mostrando que a necessidade de uma formação permanente é absolutamente consensual: estamos docemente condenados a estudar e nos aperfeiçoar sempre. No Brasil, em Israel, na Finlândia, em Portugal, na Irlanda, na Espanha ou no Japão, hoje e sempre, é tempo de formação. Nesse capítulo, as peculiaridades da formação continuada do professor de matemática estão situadas no centro das atenções.

Para estudar a formação continuada de professores de ciências, Sílvia Luzia Frateschi Trivelato inicia o capítulo apresentando a concepção de um programa dessa natureza, ao mesmo tempo que mostra a necessidade de um trabalho multidisciplinar a ser desenvolvido pela equipe de formadores. Preocupa-se com a escolha das atividades a serem discutidas nas aulas de um curso para professores, pois, para a autora, além de estarem vinculadas aos conteúdos conceituais definidos, essas atividades devem exemplificar um tratamento metodológico inovador. Seu texto traz exemplos interessantes dessas atividades.

Katia Maria Abud apresenta um projeto de formação continuada para professores de história, focalizando em especial a formação de um docente que seja capaz de exercer a autonomia intelectual ao construir sua identidade profissional.

Para discutir o ensino de geografia e a formação docente, Sonia Maria Vanzella Castellar mostra, inicialmente, que as mudanças na análise da realidade não se limitaram apenas a fazer que a geografia saísse da universidade, mas provocaram uma reflexão sobre a natureza da disciplina, reformulando seus princípios científicos e filosóficos. A pesquisadora apresenta, para finalizar o capítulo, as bases teóricas da formação docente e discute o conhecimento escolar e a reorganização da geografia.

No capítulo "A formação de professores de educação física na rede municipal de São Paulo e o movimento de reorientação curricular", os autores Maria Emília de Lima e Marcos Garcia Neira analisam a política formativa desenvolvida pela Secretaria Municipal de Educação de São Paulo entre os anos 2006 e 2012, período em que uma nova proposta curricular de educação física foi elaborada e implementada. Na ocasião, professores em atuação nas escolas participaram da elaboração do documento, planejaram e desenvolveram os encontros formativos com os colegas.

A busca de um modelo de formação continuada para os professores de língua inglesa, bem como a apresentação de um processo de reconstrução da identidade profissional desse professor, foi apresentada por Lívia de Araújo Donnini Rodrigues. Em seu texto, ela discute esses pontos e identifica alguns conflitos e rupturas dessa proposta.

Procurou-se, neste trabalho, abranger a problemática da formação continuada dos professores de nossas escolas do ponto de vista de seus conteúdos específicos. Trata-se de uma das facetas mais importantes da construção de um novo ensino e da formação de novas gerações de cidadãos mais conscientes e atuantes.

Anna Maria Pessoa de Carvalho

Sobre os autores

Profa. Dra. Anna Maria Pessoa de Carvalho
Docente titular da Faculdade de Educação da USP.
Coordenadora de programas de educação continuada da Fundação de Apoio à Faculdade de Educação. Atua no campo de ensino de ciências (física) em nível de graduação e pós-graduação e em seminários e programas de formação continuada de professores.

Prof. Dr. Claudemir Belintane
Docente da Faculdade de Educação da USP.
Atua no campo de ensino de linguagem em nível de graduação e pós-graduação e em seminários e programas de formação continuada de professores.

Profa. Dra. Katia Maria Abud
Docente da Faculdade de Educação da USP.
Atua no campo de ensino de história (metodologia de ensino) em nível de graduação e pós-graduação e em seminários e programas de formação continuada de professores.

Profa. Dra. Lívia de Araújo Donnini Rodrigues
Docente de metodologia do ensino de língua inglesa da USP. Coordenadora do Centro de Estudos e Pesquisas no Ensino de Línguas da USP. Coordenadora e docente em cursos de formação continuada para professores de língua inglesa.

Prof. Dr. Marcos Garcia Neira
Licenciado em educação física e pedagogia com mestrado e doutorado em educação, pós-doutorado em currículo e educação física e livre-docência em metodologia do ensino de educação física. É professor titular da Faculdade de Educação da USP e coordenador do Grupo de Pesquisas em Educação Física escolar da Feusp (www.gpef.fe.usp.br).

Profa. Dra. Maria Emilia de Lima
Licenciada em educação física e pedagogia com mestrado e doutorado em educação. É supervisora escolar da Secretaria Municipal de Educação de São Paulo e membro do Grupo de Pesquisas em Educação Física escolar da Feusp (www.gpef.fe.usp.br).

Prof. Dr. Nílson José Machado
Leciona na USP desde 1972, inicialmente no Instituto de Matemática e Estatística e, a partir de 1984, na Faculdade de Educação (Feusp), orientou mais de 50 mestres ou doutores em seu programa de pós-graduação. Escreveu diversos livros, entre os quais *O conhecimento como um valor* (2015), *Lógica e linguagem cotidiana* (em coautoria com Marisa Cunha, 2015), *Ensino de matemática – pontos e contrapontos* (em coautoria com Ubiratan D'Ambrósio, 2014), *Matemática e realidade* (2013), *Matemática e educação* (2012), *Ética e educação* (2012), *Matemática e língua materna* (2011), *Educação – competência e qualidade* (2009). É autor ainda de mais de uma dezena de livros para crianças.

Profa. Dra. Sílvia Luzia Frateschi Trivelato
Docente da Faculdade de Educação da USP.
Atua no campo de ensino de ciências (biologia) em nível de graduação e pós-graduação e em seminários e programas de formação continuada de professores.

Profa. Dra. Sonia Maria Vanzella Castellar
Docente de metodologia do ensino de geografia da Faculdade de Educação da USP. Pesquisadora na área de formação de professores e conhecimento escolar.

O que há em comum no ensino de cada um dos conteúdos específicos

Anna Maria Pessoa de Carvalho

Estes últimos anos constituem um período de mudanças dramáticas para a escola brasileira. Recaem sobre ela ondas de reformulações propostas pelas novas legislações como a Lei de Diretrizes e Bases da Educação (LDB), que induziu novos pareceres dos conselhos nacional e estadual de educação, novas propostas do Ministério da Educação e das secretarias de educação, novas tecnologias para as escolas, novos... São tantas novidades que os professores, de todos os níveis, tornaram-se bastante inseguros sobre o que ensinar e como ensinar.

Logo no início da década de 2000, como subsídio para garantir o alcance dos objetivos colocados pela LDB, surgem os Parâmetros Curriculares Nacionais (PCN) que, como o próprio nome já sugere, trazem orientações para o planejamento do currículo escolar. Nos anos de 2015/2016, o Ministério da Educação organizou um novo documento, Base Nacional Comum Curricular (BNCC), que tem como objetivo direcionar com maior precisão o ensino para a escola básica brasileira.

Essas inovações chegam às escolas propondo não só novos conteúdos, mas especialmente novas metodologias de ensino e induzindo novas atitudes de professores e alunos durante as aulas. Para isso, são introduzidos novos conceitos educacionais, novas palavras com significados às vezes imprecisos para professores, coordenadores e diretores, criando a necessidade de estabelecer uma linguagem comum entre os diversos profissionais desses estabelecimentos de ensino.

O trabalho coletivo nas escolas passou do simples desejo de alguns professores e/ou dirigentes e tornou-se cada vez mais necessário, uma vez que foi dada a essas escolas a liberdade de tomar decisões, isto é, de elaborar os próprios projetos pedagógicos. Criou-se a necessidade do trabalhar junto, do pensar coletivo, das tomadas de decisões consensuais e, especialmente, do compromisso de cada professor de levar para a sala de aula as decisões tomadas no decorrer da elaboração do projeto da escola.

Para o desenvolvimento das decisões coletivas, faz-se necessário que os professores de uma mesma escola, além de terem a mesma linguagem, saibam traduzir essas propostas para o ensino dos seus conteúdos específicos. Essa tradução também precisa ser bem discutida e entendida por todos, uma vez que essa é a principal e a mais visível face da transposição das diretrizes da política educacional realizada pelo legislador para o trabalho docente em cada uma das aulas. Essa tarefa é difícil, mas não impossível.

É exatamente essa tradução que pretendemos abordar e, consequentemente, precisamos discutir o significado dos principais conceitos dessa nova visão de ensino para uma escola do século XXI.

O principal conceito, que apesar de não ser novo ainda não é encontrado na maioria de nossas escolas, é o do "ensino centrado no aluno", isto é, o ensino que leva o aluno a construir o próprio conhecimento. Essa simples frase representa uma mudança de paradigma educacional – do ensino expositivo, centrado na capacidade do professor de explicar o conteúdo proposto, para o ensino centrado na capacidade do aluno de entender, reconstruindo determinado conteúdo. Representa também uma mudança no significado de velhas palavras (conceitos) muito comuns no dia a dia dos professores, como, por exemplo, conteúdo, autonomia, erro e avaliação, e a inclusão de novos termos: habilidades, valores, pensamento divergente, contextualização, metacognição.

Macedo (2011) propõe um quarteto de conceitos que devem exprimir a atual concepção de currículo: ensinar e aprender, avaliar e desenvolver-se. O ensinar e avaliar como compromissos de professores e gestores do processo educacional. O aprender e desenvolver-se como direito de todas as crianças e jovens. Esse direito de aprender e desenvolver-se é também expresso na BNCC.

Esse autor também propõe um ensinar e aprender como formas positivas de interação no contexto da aula. O avaliar seria um indicador de que ocorreu, ou não, o desenvolver-se na qualidade e na quantidade esperadas.

Nos cursos de formação de professores, tanto iniciais quanto permanentes, não adianta somente redefinir essas palavras; é necessário contextualizá-las no próprio conteúdo e nas atividades de ensino que os professores vão trabalhar, para que cada "palavra" ganhe significado preciso no processo de ensino e aprendizagem, passando ao *status* de um conceito. Os cursos de formação continuada se propõem a criar atividades com o objetivo de levar o professor a discutir esses novos conceitos nos seus âmbitos específicos.

Discussão do conceito de conteúdo escolar ou a redefinição do conceito de "conteúdo"

A proposta para o conceito de conteúdo modificou-se muito nestas últimas décadas, tornando-se muito mais ampla do que o significado que essa palavra tem no ensino tradicional, que se encerra na relação dos tópicos a serem ensinados.

Com os PCN, o significado de conteúdo foi ampliado, pois, além dos conteúdos específicos, foram também definidos os conteúdos procedimentais e atitudinais. A proposta era de que os conteúdos específicos se desenvolvessem de maneira inter-relacionada com os conteúdos procedimentais, que representavam as habilidades de desenvolver o conteúdo conceitual e também as atitudes, os valores e as normas, pois sem eles os outros dois tipos de conteúdo (os conceitos e os procedimentos) não poderiam ser aprendidos.

O documento "Base Nacional Comum Curricular" ampliou ainda mais o entendimento do conteúdo escolar e de como ensiná-lo. Visando desenvolver o projeto de renovação e aprimoramento do ensino básico, seus organizadores definiram, para cada uma das disciplinas escolares, os eixos de aprendizagem, os objetivos específicos e as unidades de conhecimento. Nessa proposta, os conteúdos específicos propriamente ditos são mostrados em tabelas que relacionam essas três variáveis.

As diferentes proposições de renovação curricular não aceitam mais um ensino tradicional, totalmente expositivo, e visam a um ensino diretamente direcionado à aprendizagem efetiva dos alunos, no qual são eles, e não mais o professor, o centro de atenção das propostas.

Entretanto, para que isso se efetive em sala de aula, é preciso que discutamos outros pontos da estreita relação entre o ensino, aqui entendido como o desenvolvimento da aula, e a aprendizagem, entendida como a construção do conhecimento pelos alunos.

Discussão entre as interações professor–alunos e aluno–aluno comuns a todas as disciplinas

Será que existem interações professor–alunos e aluno–aluno comuns a todas as disciplinas escolares ou essas relações estão intrinsecamente vinculadas aos conteúdos específicos?

No ensino tradicional, as interações em sala de aula são quase exclusivamente dirigidas do professor aos alunos e de um aluno ao professor, tendo a interação aluno–aluno uma influência secundária, quando não indesejável ou desagradável.

As interações entre alunos são vistas como indisciplina, que perturba o desenrolar da aula. É necessária uma classe quieta para que o professor possa transmitir o conhecimento; é necessário silêncio para que os alunos possam entender o que o professor está explicando. Não é, portanto, estranho que nessa concepção pedagógica de transmissão–recepção pretenda-se reduzir ao mínimo as relações aluno–aluno.

Nesse tipo de ensino, as atitudes que se esperam dos alunos são de passividade, quietude e respeito, e o valor que se transmite é o de que "o professor é a fonte (única) de conhecimento". A estrutura do pensamento é a exposta pelo professor, o que ele fala está certo e lógico, ao aluno cabe pedir explicação do que não entendeu. Nesse caso, o papel do professor é retomar a ideia não entendida, procurando explicá-la com outras palavras e, às vezes, com outra lógica, mas é ele, o professor, que conduz o pensamento da classe, ao aluno resta apenas entender, amalgamando o seu pensamento ao do professor. Valoriza-se o professor "que fala bem e bonito", valoriza-se o aluno que consegue repetir a lógica e as palavras do professor.

Em um ensino construtivista não se ignora em absoluto a importância da interação professor–aluno. A proposta de um problema, a introdução de uma atividade devem ser dadas sim pelo professor, e todos os alunos devem entendê-las muito bem. Entretanto, a interação entre os alunos não pode, nem deve, ser considerada um fator desprezível, pois é nessa comunicação que a reflexão e a argumentação entre os alunos vão ocorrer, e esses são fatores importantes para o desenvolvimento da racionalidade e dos conteúdos metodológicos e atitudinais (CAPECCHI; CARVALHO, 2000; SASSERON; CARVALHO, 2014).

A interação do aluno com seus iguais é imprescindível na construção de um novo conhecimento, pois essa construção é eminentemente social (SEDANO, 2005). É também na discussão com os seus pares que o desenvolvimento lógico e a necessidade de se expressar coerentemente aparecem (LOCATELLI; CARVALHO, 2007). O enfrentamento de outros pontos de vista leva à necessidade de coordená-los com os seus, e essa coordenação dá lugar à construção de relações, o que contribui para o desenvolvimento de um raciocínio coerente (para Piaget, cooperar significa operar junto) (CARVALHO et al., 1998).

Aprender a ouvir, a considerar as ideias de outro colega, não é só, do ponto de vista afetivo, um exercício de descentralização, mas representa também, do ponto de vista cognitivo, um momento precioso de tomada de consciência relativa a uma variedade de hipóteses diferentes sobre o fenômeno discutido. Estamos dando oportunidade de aparecerem, na classe, não só pensamentos divergentes, como também o modo de coordenar essas divergências. Soma-se, ainda, nessa situação de diálogo, o fato de os alunos serem estimulados pelos desafios colocados a suas ideias, reconhecendo a necessidade de reorganizá-las e reconceituá-las.

As sistematizações feitas pelo professor, tendo por base os trabalhos de grupos, partem da/e coordenam a estruturação lógica e linguagem dos alunos. É desse ponto, construído coletivamente, que o professor construirá o saber específico de sua disciplina.

Todas essas atitudes a serem desenvolvidas, com base nas atividades de ensino planejadas pelos professores em cada uma das disciplinas, em cada uma das aulas, são novas para professores e alunos. Elas transmitem um valor essencial para essa escola que o projeto pedagógico coletivo se propõe a construir: o conhecimento não é único, ele é construído socialmente na interação com os pares, e, principalmente, todos merecem respeito, merecem ser ouvidos; o "certo" é o mais lógico, o mais socialmente aceito.

Discussão de normas e regras gerais para um ensino centrado na aprendizagem dos alunos

Criar condições para que os alunos possam dizer o que pensam com convicção, argumentar com precisão e expor suas ideias com persuasão (e não repetindo o que o professor lhes disse) são objetivos propostos em todo ensino construtivista, mas que só podem ser alcançados mediante um trabalho diário, perseverante e muito atento de toda a escola (CARVALHO et al., 1998).

Propusemos anteriormente que o aluno deve ter a liberdade de perguntar "Por quê?" e de pensar de modo divergente de seus colegas e mesmo do professor, e que essa atitude deve ser encarada como natural e desejável na classe. Mostramos a necessidade de dar espaço para que entre os alunos surjam ideias e argumentos que os levem a superar obstáculos conceituais. Essa liberdade que trará autonomia intelectual aos alunos não ocorrerá se a escola não ficar atenta à construção da autonomia moral.

A construção da autonomia moral, das regras de convivência na sala de aula, é necessária para que o aluno possa alcançar a autonomia intelectual, pois uma não existe sem a outra. Ambas constituem as duas faces de uma mesma moeda. Essa relação é mostrada em seu lado mais perverso em nossas escolas: quando o aluno, na sala de aula, segue a regra preestabelecida de ficar quieto, sem a liberdade de dialogar com o seu professor, ele também aceita sem discussão e sem questionar o fato, tão comum, de dar a resposta "certa" que o professor quer, ainda que pense de outra maneira.

Desenvolver alunos autônomos, que saibam pensar, tomar as próprias decisões e estudar sozinhos, é um dos objetivos do ensino, mas para alcançá-lo é necessária uma redefinição das relações professor–aluno na sala de aula. O professor precisa não só ficar atento à parte intelectual de sua aula, mas também tomar muito cuidado na construção das regras, principalmente daquelas que determinam o trabalho e a convivência dos alunos na sala de aula.

Os alunos devem obedecer ao professor, mas é necessário que essa obediência seja conduzida de tal forma que reflita uma disposição de cooperar, traduzindo uma solicitação que eles considerem razoável e coerente. Uma classe obediente somente porque o professor "mandou" faz que os alunos se tornem cada vez mais apáticos. Segundo Kamii e Devries (1986, p. 56), "as regras externas podem tornar-se as regras da criança apenas quando ela tem uma chance de adotá-las ou construí-las por sua livre e espontânea vontade". Se o professor (com o apoio de toda a equipe escolar) levar seus alunos a pensarem por si mesmos e a cooperarem sem coerção, eles passarão a construir as próprias razões morais e, portanto, sua autonomia.

A construção das normas sociais em uma aula é, muitas vezes, o mais difícil para um professor, pois ele não pode cair no extremo de não fazer nada e permitir que os alunos comandem a aula. Um professor que deixa os alunos fazerem o que querem está muito longe de ser alguém com quem eles vão querer colaborar. Para criar condições de desenvolvimento da autonomia dos alunos, é preciso que o professor estabeleça regras claras e precisas em sua classe e que estas sejam as mesmas para toda a escola.

O que ocorre em sala de aula não pode ser de responsabilidade única do professor (como acontece em um ensino tradicional). Essa responsabilidade deve ser repartida entre professores, alunos e direção e, nesse caso, os alunos tornam-se corresponsáveis pelo seu aprendizado.

Um só professor é incapaz de mudar o clima de uma escola. Esse é um ponto extremamente importante para a construção do projeto pedagógico da escola e que deve ser debatido com todos os professores tendo como base as atividades programadas por eles. Cada uma das disciplinas possui, intrinsecamente ligado à definição de seu conteúdo curricular, um conjunto de regras de convivência específicas que devem ser explicitadas nessas discussões conjuntas de modo que todo o corpo docente da escola apoie e colabore na sua execução. Uma aula de laboratório de física exige algumas regras diferentes da aula de arte, mas o que há de comum em todas tem de ficar explícito e ser aceito por todos: gestores, docentes e discentes da escola. São essas regras que definem uma escola.

Discussão do conceito de avaliação

Um dos conceitos que sofreram maior transformação na mudança de paradigma pela qual está passando a escola é o de avaliação e, dentro deste, o de avaliação da aprendizagem dos alunos.

No ensino tradicional, a principal característica da avaliação da aprendizagem é classificar os alunos, normalmente em ordem decrescente, tendo por base a nota dada a cada um em uma prova. Essa prova, na maioria das vezes escrita, é feita de maneira solitária e sua aplicação (a menos que lhe seja atribuída também a característica de punição) é anunciada com a antecedência necessária para possibilitar que os alunos sejam preparados, tanto na escola quanto fora dela, objetivando alcançar o maior número de acertos possível, de acordo com o padrão de resposta preestabelecido. A essas provas, os professores atribuem o "sucesso" do aluno na escola.

Nesse tipo de avaliação, o que se mede é a competência do aluno em memorizar e repetir as informações que lhe foram oferecidas durante as aulas. No ensino tradicional, a avaliação assume o papel de controle, visando adequar o planejado e o aprendido. É também a avaliação em sua concepção de julgamento, de resultados finais e irrevogáveis. Aos alunos malsucedidos (os que erraram nesse tipo de prova) atribuem-se características de baixa dedicação, pouco estudo, enfim, dificuldades diversas, próprias dos alunos. Somente a eles cabe a culpa pelo fracasso e, o que é mais nefasto, com base nessas avaliações propõe-se que esses alunos não estão aptos a adquirir novos conhecimentos.

As novas propostas pedagógicas exigem uma avaliação que seja mediadora dos processos de ensino e aprendizagem e que sirva para encorajar e reorganizar o saber. E para isso o professor deve assumir a responsabilidade de refletir sobre toda a produção de conhecimento do aluno, favorecendo a iniciativa e a curiosidade no perguntar e no responder e construindo novos saberes com os alunos.

Os textos oficiais atuais propõem um novo estatuto à avaliação, que impede que esta seja um veículo de classificação dos alunos. Segundo André e Passos (2001),

> (...) a avaliação não pode se limitar a uma apreciação sobre o desenvolvimento e a aprendizagem dos alunos. Ela deve levar a uma revisão dos conteúdos selecionados, dos métodos utilizados, das atividades realizadas, das relações estabelecidas em sala de aula, ou seja, a uma revisão do ensino, pois não existe melhor critério para avaliar a eficácia do ensino do que a aprendizagem dos alunos.

É pela avaliação, contínua e diária, que podemos constatar não só se os alunos estão aprendendo, como também e, principalmente, se estamos conseguindo ensiná-los. Citando novamente Macedo (2011), "avaliar e ensinar são procedimentos e estratégias de quem educa e aprender e desenvolver-se são procedimentos e mudanças estruturais de quem é educado".

Mas será que os professores estão preparados para elaborar esse tipo de avaliação? Não podemos esquecer que esses docentes passaram, como alunos e mesmo como professores, por experiências escolares em que as provas eram compostas de questões que mediam a lembrança do que havia sido ensinado nas aulas. Fazê-los mudar, fazer que criem novos instrumentos de medida, com novos enfoques, é, sem dúvida, a principal tarefa dos cursos de formação tanto inicial como continuada.

A avaliação é um conceito fundamental, e discutir como será feita pelo conjunto dos professores, em seus aspectos gerais, deve ser um ponto de debate na construção do projeto pedagógico da escola; entretanto, o mais difícil é traduzir essas diretrizes gerais para cada uma das disciplinas em particular. Os professores precisam saber como avaliar os alunos na construção dos conteúdos conceituais, procedimentais e atitudinais desejados em suas disciplinas, e devem, portanto, considerar o critério a ser empregado ao planejar as novas atividades de ensino. Esse é o nó de todo o ensino, e é esse nó que os cursos de formação têm de desatar.

Discussão sobre o papel dos professores nessa nova escola

Conforme constatamos pelo discutido até aqui, o ensino que tem por objetivo levar o aluno a construir o seu conhecimento – entendendo por conhecimento não só aquele referente a conteúdos específicos, mas também o de procedimentos, valores e atitudes – é muito mais complexo do que o ensino tradicional. Com base nessa ampliação do conceito de conteúdo escolar, o papel do professor em sala de aula se amplia, tornando-se ainda mais fundamental, pois ele não pode de forma nenhuma, nessa proposta, ser substituído por um livro-texto ou por um audiovisual.

Embora seja necessário redefinir, para cada uma das áreas do conhecimento escolar, os conteúdos e os objetivos que serão trabalhados, é preciso também introduzir visões novas para o desenvolvimento desse ensino.

É preciso que o professor compreenda a necessidade de partir do entendimento que o aluno já tem dos conteúdos a serem estudados, de tal forma que estes ganhem novos significados com a aula dada. É preciso, ainda, que o professor veja a importância da integração do conteúdo a ser desenvolvido com a realidade do aluno para que este amplie sua visão de mundo. É importante também que o professor entenda o papel da linguagem e da argumentação na construção do conhecimento em sala de aula. No entanto, é fundamental e imprescindível que o professor tenha consciência da reformulação de seu papel nesse novo ensino.

Espera-se de um professor construtivista muito mais do que saber expor a matéria e ter bom relacionamento com seus alunos, criando um ambiente agradável e sem tensão em sala de aula. Espera-se que esse professor crie atividades que propiciem aos alunos explorar ideias, fatos e/ou fenômenos, que ele estabeleça regras de conduta que permitam aos alunos trabalhar de maneira satisfatória e alegre, sem dispersão e sem algazarra que perturbe a classe, que ele garanta a liberdade intelectual para que seus alunos não tenham receio de expor ideias e de fazer perguntas.

O professor construtivista deve perguntar, estimular, propor desafios, encorajar a exploração de ideias, permitindo que todos tenham não só a oportunidade de expor o que pensam, mas também de transmitir informações novas. Em sala de aula, desenvolvendo o seu conteúdo, esse professor

> (...) tem de coordenar o debate, alimentar a participação dos alunos, favorecer o pensamento cooperativo, propiciar situações de "conflitos cognitivos" estimuladores da crítica e da desconstrução, criar momentos de síntese e de revisão do caminho percorrido e dos avanços alcançados, estimular o processo de reconstrução e de elaboração de novas formas de pensar e de significar (GARRIDO, 2001).

Finalmente, o professor deve ser capaz de utilizar os resultados obtidos pelos alunos para avaliar o próprio trabalho. Se a aprendizagem dos alunos não for satisfatória, é preciso que o professor reflita crítica e honestamente sobre aquilo que fez, ou deixou de fazer, e planeje mudanças no seu modo de agir.

Todas essas reformulações, introduzidas nas escolas pelas novas diretrizes educacionais, estão, na verdade, sugerindo mudanças estruturais no conceito de ensino e aprendizagem de cada um dos conteúdos específicos, indicando a necessidade de oferecermos aos professores cursos de formação continuada nessas novas concepções.

Esses cursos de formação continuada devem dar suporte para que os professores possam participar ativamente dos projetos pedagógicos de suas escolas. Somente um professor que tenha plena consciência das mudanças em sua disciplina estará apto a aceitar as mudanças propostas por seus colegas. Somente um professor que saiba planejar e executar atividades de ensino nessa nova concepção é capaz de entender as dificuldades de seus colegas e de ajudar.

Referências bibliográficas

ANDRÉ, M. E. D. A.; PASSOS, L. F. Avaliação escolar: desafios e perspectivas. In: CASTRO, A. D.; CARVALHO, A. M. P. *Ensinar a ensinar:* didática para a escola fundamental e média. São Paulo: Pioneira Thomson Learning, 2001. p. 177-195.

BRASIL. Ministério da Educação. *Parâmetros Curriculares Nacionais* v. 8: Apresentação dos temas transversais e ética. Brasília: MEC/SEF, 1997.

_____. Secretaria de Educação Fundamental. *Parâmetros Curriculares Nacionais* v. 4: Ciências Naturais. Brasília: MEC/SEF, 1997.

_____. Secretaria de Educação Básica do Ministério da Educação. *Base Nacional Comum Curricular.* Brasília: MEC/SEB, 2015.

CAPECCHI, M. C. V. M.; CARVALHO, A. M. P. Interações discursivas na construção de explicações para fenômenos físicos em sala de aula. Investigações em Ensino de Ciências, v. 5, n. 3, p. 171-189, 2000. Florianópolis.

CARVALHO, A. M. P. et al. *Conhecimento físico no ensino fundamental.* São Paulo: Scipione, 1998.

GARRIDO, E. Sala de aula: espaço de construção do conhecimento para o aluno e de pesquisa e desenvolvimento profissional para o professor. In: CASTRO, A. D.; CARVALHO, A. M. P. *Ensinar a ensinar:* didática para a escola fundamental e média. São Paulo: Pioneira Thomson Learning, 2001.

KAMII, C.; DEVRIES, R. *O conhecimento físico na educação pré-escolar:* implicações da teoria de Piaget. Porto Alegre: Artes Médicas, 1986.

LOCATELLI, R. J.; CARVALHO, A. M. P. Uma análise do raciocínio utilizado pelos alunos ao resolverem os problemas propostos nas atividades de conhecimento físico. *Revista Brasileira de Pesquisa em Educação em Ciências,* v. 7, p. 1-18, 2007.

MACEDO, L. *Ensaios pedagógicos:* como construir uma escola para todos? Porto Alegre: Artmed, 2011.

SASSERON, L. H.; CARVALHO, A. M. P. A construção de argumentos em aulas de ciências: o papel dos dados, evidências e variáveis no estabelecimento de justificativas. *Revista Ciência e Educação,* v. 20, n. 2, p. 393-410, 2014.

SEDANO, L. S. *Ensino de ciências e formação da autonomia moral.* 2005. Dissertação (Mestrado) – Faculdade de Educação, Universidade de São Paulo, São Paulo.

Formação contínua na área de linguagem: continuidades e rupturas

Claudemir Belintane

A expressão "formação contínua" é bem mais ampla que a palavra "curso" e traz à nossa reflexão, ainda que inadvertidamente, uma ideia mais complexa de linha de tempo e de sucessão de eventos. Se quisermos com essa expressão reforçar a ideia de continuidade, necessariamente teremos em nossa pauta outros elementos que também evocam noções cronológicas, pontos de partida, rupturas, simultaneidades, histórias, programas, cronologias etc. E se quisermos acrescentar polêmicas à comparação, podemos ainda indagar: continuidades de quais discursos, de quais subjetividades? Continuidades até quando? Até onde? Para onde?

Talvez possamos entender essa atual emergência da necessidade de formação contínua como uma boa oportunidade de busca de caminhos mais significativos na relação entre produção acadêmica e ensino básico. Se imaginarmos a complexa teia que é uma rede escolar e levarmos a sério um plano de formação contínua construído com base na produtividade acadêmica, estaremos diante de um campo de forças discursivas que vale a pena investigar com mais vagar e profundidade. Cada experiência vivida nessa sinergia, se quisermos realmente buscar as potencialidades revolucionárias dessa relação e da noção de continuidade, deve ser objeto de fina reflexão tanto por parte dos formadores (universidades) como pelos formandos (redes escolares). E aqui se impõe de forma absoluta a necessidade de uma escuta aberta e de uma interação verdadeiramente dialética segundo as queixas, as necessidades e as demandas que essas continuidades suscitam.

No Programa de Educação Contínua (daqui por diante, PEC/2000) que experimentamos com os educadores da rede municipal de São Paulo no ano de 2000, pudemos constatar que um projeto de formação contínua, em todas as áreas e *a fortiori* na área de linguagem, para ser significativo, deve tratar com certo radicalismo a noção complexa de continuidade: de onde procedem os discursos ora em jogo? As ideologias postas são compatíveis com o conceito de continuidades ou mais afeitas a processos resistenciais? Se resistem, o que defendem? Nosso eixo discursivo e nossas estratégias têm o poder de assimilar críticas, de se refazerem em processo ou, ao contrário, apenas se predispõem ao embate, respaldados em algum poder autorizado?

Delicado era o contexto político da cidade de São Paulo no momento em que nos inserimos – fim do tumultuado mandato do prefeito Celso Pitta, campanha eleitoral tensa, conflitos políticos etc. Nesses períodos de transição, é inevitável a emergência de esperanças de renovação, reforçando certo compasso de espera, norteado por um consenso tácito de que o momento seria mais de expectativa do que de assimilação de novas propostas. Foi o caso: na rede municipal, o que primeiro saltou à vista foi essa expectativa de renovação, de que o novo adviria e, com ele, novas propostas, novas ordens, novos modelos etc.

Atendo-nos ao conceito de continuidade e ao seu inevitável tributo com a história, procuramos, em nossas primeiras escutas, ouvir os profissionais e captar demandas autênticas que pudessem nos evidenciar as pontas das linhas com as quais nosso fio discursivo pudesse ser enredado. Cientes de que, nessas emendas iniciais, há sempre possibilidades de desencontros dos fios ou de amarração com nós-cegos, ou ainda de laços falsos, ficamos mais tranquilos quando os supervisores construíram conosco um consenso: estávamos livres para estabelecer elos entre propostas anteriores – ainda que estas não coincidissem com as oficialmente adotadas na rede municipal nos últimos anos –, desde que levássemos em conta também as demandas atuais oriundas das regiões, das escolas. Nossa busca no tempo procurou atar pontas com o movimento municipal de reorientação curricular encetado no final da década de 1980, com base no documento *Português – Visão de área – Documento 5* (SÃO PAULO, 1992),[1] o qual também visa recuperar propostas interrompidas, como se pode observar no excerto a seguir:

> É esse caminho que se organizava em 1985 que a atual administração não somente restaurou, mas intencionalmente alterou a orientação político-pedagógica, estabelecendo diferentes prioridades, dando condições para maior reflexão e aprofundamento, através das diferentes atividades de formação propostas pelo movimento de reorientação curricular (...). (SÃO PAULO, 1992, p. 16)

Os pressupostos teóricos desse movimento se afinam com os norteadores dos Parâmetros Curriculares Nacionais, ou seja, ambos partem de uma concepção de ensino de língua que se estrutura por meio de "práticas": *prática de leitura, prática de produção, prática de análise linguística*. Para ambos, o uso e a reflexão da/sobre a língua devem se pautar por uma aproximação entre uso escolar e uso real que se faz da língua em sua diversidade. Vejamos alguns excertos:

> Do documento de 1992
> O que interessa não é mais a simples transmissão do produto da atividade científica, mas a própria língua enquanto atividade organizadora. A linguagem é aqui entendida como atividade, portanto, ação, com e sobre o outro, sobre as coisas e o mundo e sobre a própria linguagem. (SÃO PAULO, 1992, p. 22)

---

1. Secretaria Municipal de Educação. Prefeitura do Município de São Paulo (Documento 5 CO-DOT--PSG-As-002/92).

A área de português desdobra-se em práticas, atividades linguísticas efetivas – conversas, comentários, debates, entrevistas, dramatizações, jornal falado, jogos, brincadeiras, anúncios, leituras, reescritas. (SME, 1992, p. 24)

Dos Parâmetros Curriculares
(BRASIL, 1998) – Terceiro e quarto ciclos
O objeto de ensino e, portanto, de aprendizagem são os conhecimentos linguísticos e discursivos com os quais o sujeito opera ao participar das práticas sociais mediadas pela linguagem. Organizar situações de aprendizado, nessa perspectiva, supõe: planejar situações de interação nas quais esses conhecimentos sejam construídos e/ou tematizados; organizar atividades que procurem recriar na sala de aula situações enunciativas de outros espaços que não o escolar, considerando-se sua especificidade e a inevitável transposição didática que o conteúdo sofrerá; saber que a escola é um espaço de interação social onde práticas sociais de linguagem acontecem e se circunstanciam, assumindo características bastante específicas em função de sua finalidade: o ensino. (BRASIL, 1998, p. 22)

Nesse PEC/2000, os documentos da rede e os PCN realmente constituíram fios preciosos, embora o que tenha feito a amarração das malhas foi a relação pedagógica como acontecimento em si. Cada formador – mesmo pesando as diferenças interindividuais – tinha como eixo um programa temático inspirado nesses documentos e em textos mais contemporâneos, representativos do estado da arte do ensino de língua portuguesa.

Quanto à relação ao vivo com o grupo de professores em formação,[2] cada formador tinha como estratégia dispor, diante das queixas e das polêmicas de sua turma, uma escuta singular. Os resultados dessa escuta eram trazidos às reuniões, discutidos e comparados. Quase todos os formadores

---

2. Treze grupos de professores, correspondentes aos 13 núcleos regionais da rede municipal que recobrem o município de São Paulo.

conseguiram estreitar com sua turma uma relação pedagógica aberta ao desafio, à escuta, à assimilação de críticas.

Neste trabalho, pretendemos evidenciar um pouco dessa dinâmica tendo como base a discussão de alguns tópicos fundamentais que foram abstraídos da escuta cotidiana e das discussões do grupo de formadores.

A simultaneidade dos processos: "quem me autoriza"

Em geral, professores e coordenadores em programa de formação contínua – sobretudo em início de processo – costumam criticar a interferência da universidade no cotidiano escolar, argumentando que o discurso dos formadores universitários, frequentemente, descola-se da realidade da escola pública. Não é para menos: de um lado, temos o professor com sua carga horária (sempre agigantada), com seus programas e suas estratégias em curso; de outro, o formador com seu discurso pautando "que é preciso mudar", "abandonar práticas usuais", assumir esta ou aquela perspectiva. Essa reação defensiva dos professores em formação é mais do que normal e até mesmo relevante para um bom programa; cabe, realmente, a um professor responsável defender suas teorias, seus métodos e suas práticas, do mesmo modo que o próprio formador procura se preparar para defender suas estratégias e suas teorias e, sobretudo, dizer com clareza a que veio.

Esse embate inicial já nos coloca diante de um problema discursivo bastante comum na pragmática e na análise do discurso: "Por que devo escutar você?"; "O que autoriza sua ocupação do polo discursivo em meu campo de ação?". O fato de falar em nome da Universidade de São Paulo (USP) traz em si alguma transferência potencial, atribui ao formador certo prestígio, no entanto não suficiente para estabelecer uma relação autêntica, já que um suposto elitismo interpõe seu imaginário: "vocês lá da USP vivem no mundo da teoria"; "vocês constituem uma elite que nada sabe dos problemas brasileiros"; "a USP voltou as costas para a realidade das periferias"; "a coisa é muito fácil no discurso teórico lá dentro da USP, aqui na periferia é diferente". Então, antes de o jogo começar, há essa especularização imaginária que acaba resultando em uma transferência de valores positivos e negativos que vai da instituição para o sujeito e do sujeito para a instituição. Cabe ao grupo de formadores precaver-se e providenciar para que essas polaridades discursivas sejam tematizadas e não prejudiquem a produtividade do grupo.

Boa parte dessa grita contra a instituição é justa, constituindo uma cobrança saudável sobre a universidade pública, cujas pesquisas, sobretudo no campo educacional, nem sempre têm a realidade brasileira como ponto de partida. No momento em que estávamos envolvidos, esse discurso-cobrança ficou fazendo eco por um tempo excessivo, muito provavelmente porque não tenhamos conseguido lhe dar a atenção necessária. Talvez um bom aprendizado do PEC/2000 tenha sido a constatação de que um programa de formação contínua só começa quando os sujeitos se reconhecem, ou seja, o início cronológico do programa não coincide com o início das trocas verdadeiramente intersubjetivas. No caso do ensino de língua portuguesa, são inúmeras as questões que daí podem ser extraídas, sobretudo porque somos um país que fala uma língua que paga pesados tributos epistemológicos à sua pátria originária e, nesse jogo entre lusofonia e realidade brasileira, há um clamor denso para que falas e discursos sejam reconhecidos e até mesmo mais pesquisados pela universidade.[3] Entretanto, não há dúvida, um bom programa de educação contínua é também uma boa solução para que a pesquisa universitária encontre o caminho de sua língua materna ou de sua língua-mãe.

Hoje sabemos: essa "segunda autorização discursiva", que vai além do rótulo institucional e que tem forças para enlaçar uma relação autêntica, é construída segundo a capacidade do formador de estabelecer um percurso mais indutivo que dedutivo, ou seja, aquela concepção que aceita o desafio de aproximar-se de fato dos problemas concretos vividos pelos professores. No campo da educação, em um programa de formação contínua, despejar teorias e deixar o "simples problema" da transposição

---

3. Alguns exemplos: "Posso aceitar um aluno falando 'nós vai'?"; "Que posso fazer com um aluno que não lê e está na 5ª série?"; "Devo ensinar gramática?"; "Onde encontrar material didático que consiga realmente interagir com nossa realidade?".

didática por conta dos professores não deixa de ser uma transferência de responsabilidades e até mesmo uma posição bastante conservadora da academia que, muitas vezes, não quer ver seus espelhos em cacos. Ao preservar a boa imagem de sua teoria, esse tipo de formador mais acadêmico afasta-se do conflito, das zonas de incertezas, do cotidiano intratável, atribuindo ao professor e à escola a responsabilidade (e as culpas) pelo "detalhezinho" da transposição didática. Há até algumas expressões "canônicas" usadas por formadores universitários: "eles querem receitas!", "querem tudo mastigadinho!", "não querem refletir, aprofundar teoricamente", "eu me recuso a fornecer modelinhos" etc.

No PEC/2000, percebemos que uma relação produtiva entre formadores e professores parte desse reconhecimento mútuo de que o programa deve não só tocar a escola real, ou seja, ser sensível às demandas concretas, aceitar desafios, mas também reconhecer seus limites. Nesse caso, ações pedagógicas norteadas por expressões como as citadas constituem empecilhos sérios a um programa de formação contínua que queira ter a escola como ponto de partida e de chegada. Talvez sirvam para cursos livres, para programas que tenham a formação de um sujeito-professor concebido individualmente. A formação contínua na escola pede que o formador desça à terra e perceba que seu discurso se dirige a um coletivo, que sua proposta de formação dialoga com o cotidiano escolar e não apenas com os desejos individuais e as utopias desse ou daquele professor.

Os primeiros jorros discursivos são necessariamente políticos

Se tudo estiver correndo bem, se não houver nenhum interdito, nenhum represamento previsto (ainda que não assumido), o que deve estruturar o início de um PEC[4] é o caudal político das justificativas. É preciso que haja uma coerência mínima entre as necessidades das escolas, do grupo

---

4. Estamos falando ora do PEC/2000, concreto, ora de um PEC deduzido de nossas experiências, mas sempre de um modelo que só é possível entre pesquisa universitária e redes públicas de ensino.

de professores e o programa que se oferece neste "aqui e agora". Por que estamos aqui? Em que esse programa pode realmente contribuir com a prática cotidiana? Quais são seus significados políticos? Em que medida nossos interesses cotidianos podem estar espelhados nas concepções e nos objetivos que o embasaram? A opinião de cada escola é relevante na estruturação desse programa? Por que aqui e agora?

Caso não tenhamos escuta para esses temas, é possível que eles restem sempre por trás, camuflados, estruturando versões e aversões do/ao programa. Escutar essas diferenças, enfrentar esses conflitos, prevê-los e inseri--los no programa são atitudes que podem delinear traços que, em geral, ajudam no surgimento de uma relação produtiva. A ausência desse desafio pode revelar pragmatismos, desses que veem a educação como um bom mercado de investimento, em geral típicos de empresas privadas que entram no campo educacional apenas para vender "seus produtos". Se cabe a formadores e formandos somente o direito de "fechar a boca e começar logo esse programa", também não estaremos diante de um verdadeiro projeto de formação contínua, mas sim diante de algum arremedo de última hora, um curso arbitrário.

No caso do nosso PEC/2000, a situação política não era das melhores; o contexto pedia que o "aqui e agora" fosse tematizado. Na maioria das turmas, fizemos isso; foi dado um tempo para que os professores em formação expusessem suas visões. Em alguns casos, chegamos a certa abstração de algumas questões fundamentais:

- Como deve ser um bom programa de formação contínua nesta rede?
- A escola não deveria ter certo controle de suas continuidades?
- A noção de continuidade não implica o conceito de autonomia?
- Como gerir e construir pontes entre esse PEC/2000 e outros que advirão?
- De onde surgirão os novos programas? Em nome de quem? Para quê?
- Como um programa se encaixa no cotidiano escolar e realmente pode se tornar significativo nesse contexto?

O primeiro dos 12 encontros de quatro horas foi dedicado à explicitação do programa e a possíveis emergências dessas questões. Embora essas questões tenham sido tematizadas, com mais ou menos profundidade nos 13 grupos, o programa conviveu com as consequências desse desacerto, que se expressavam por meio de frases do tipo: "não temos horário para reuniões"; "não tenho jornada integral, dou aulas em várias escolas"; "em nossa escola, o diretor não assume o programa, está concentrado em outras coisas"; "em nossa escola não tínhamos informações sobre o programa"; "na escola estamos com outros projetos", "dizem que esse programa é para queimar verbas que não foram sistematicamente aplicadas; "por que só agora no final do mandato?"; "no próximo ano, nada disso vai estar valendo" etc.

Diante de tanto ruído, cabe perguntar: ao darmos relevo a essas polêmicas não estaríamos extrapolando nossas funções? A resposta é "não", e o argumento é o seguinte: as boas concepções teóricas de língua e linguagem de nosso tempo não permitem a ingenuidade de isentar nossa própria ação discursiva durante o desenvolvimento de um curso ou de um programa. Nosso plano previa, em nome do conceito de autonomia, a preocupação de insistir com os professores que uma língua não é simplesmente um código de comunicação, mas sim um complexo sistema com o qual e por meio do qual os indivíduos se civilizam e engajam suas subjetividades nos contextos discursivos de seu tempo e de seu espaço. Essa concepção explicita que o uso que fazemos da língua diz respeito também aos lugares discursivos que ocupamos na sociedade e ao modo como nos enxergamos, como nos identificamos e somos identificados nos amplos contextos sociais e políticos. Um bom estudo da língua pode revelar os modos de agenciar estratégias discursivas que estabelecem lugares para os participantes (deste ou de outros programas maiores). Se, como é o nosso caso, os conceitos de autonomia e de subjetividade são fundamentais no campo do ensino de língua, então como não escutar as vozes verbais (ativas ou passivas?) que escavam os lugares dessa nossa subjetividade em um programa como este? Assim, ouvir e tematizar foi melhor do que deixar passar em branco, do que camuflar.

Em uma das regionais, por exemplo, o inusitado da relação pôs, no primeiro dia de aula, um dos formadores diante do seguinte dilema:

– Como um professor, um doutor em ensino de língua materna, tendo como base esta ousada concepção de língua, pensa seu próprio engajamento, o enlace de sua subjetividade, neste programa, justamente neste complicado contexto político de final de mandato?

Diante de uma sofisticada questão como essa e de outras não ditas, nossa posição, ao afirmar que um bom programa começa pelas justificativas políticas, não está apenas assumindo um democratismo diletante. Entendemos realmente que por trás dessa interessante questão está toda a coerência da teoria que se pretendia sustentar (e sustentamos) ao longo do programa, sem ter de recorrer ao jargão popular que isenta o falante do efeito de sua própria fala: "faça o que falo, mas não faça o que eu faço" – infelizmente, tão comum no campo educacional.

Nessa nossa experiência, ter explicitado com coragem nossas convicções políticas, ter procurado justificar nossa inserção e nosso compromisso com o programa – ainda que em situação bastante ambígua – ajudou a relação a se tornar menos tensa, mais transparente, mais honesta, no entanto, não isenta de conflitos.

O programa: o desafio da (in)coerência entre teoria e prática

No campo do ensino de linguagem, há um construto teórico bastante abrangente: o conceito de outro, ou seja, a alteridade no campo discursivo. "Outro" é um conceito transdisciplinar que flutua no campo educacional. Saber como minha capacidade discursiva assimila e constrói essa dimensão interlocutória e matricial da linguagem chamada "outro" é fundamental para compreender o conceito de autonomia e dos demais correlatos, como polifonia, intertextualidade, subjetividade etc.

Quando estamos em ação pedagógica, corremos o risco de criar uma incoerência entre nossas práticas e nossas teorias e, com isso, revelar a indesejada imagem de um formador alienado, de um formador que não percebe os engates que seu discurso faz com suas ações. As questões relativas a subjetividades, alteridades e autonomias põem-nos diante de um compromisso com uma visão de ensino que leva em conta concretamente os conhecimentos do outro. O ensino de linguagem não tem grandes coisas a tratar a não ser dessa interação viva que assegura as bases da própria subjetividade humana. Um ponto de partida consensual ou até mesmo a estratégia fundamental de nossa atuação pedagógica é essa capacidade de construir nossas unidades de ensino sempre tendo como base o discurso do outro. Todos os tópicos planejados para o programa basearam-se radicalmente nesse pressuposto norteador.

Vejamos, com base nas sínteses desses tópicos, os retornos que captamos nos questionários de avaliação. De imediato, cumpre ressaltar que, nesse PEC/2000, aprendemos muito, lançamos as bases para um bom modelo, para a constituição de boas equipes, mas ainda ficamos muito aquém do que desejávamos e desejamos.

O ensino da modalidade oral da língua

O aluno só consegue fazer uso de determinado gênero oral público (por exemplo, o discurso político, o debate, a contação de histórias etc.) quando percebe que sua memória já traz um conhecimento implícito razoável sobre a estrutura e o modo de funcionar do gênero em questão. Dessa maneira, em suas inúmeras interlocuções cotidianas ou mesmo em sua exposição ao bombardeio das mídias, que inoculam os mais diferentes discursos em nossa vida, ele acaba sempre apreendendo alguns traços estruturais (ainda que de forma bastante estereotípica) de uma vasta gama de gêneros. Portanto, sua memória discursiva (sua consciência do imenso campo dos gêneros orais, sua percepção espontânea de que cada gênero exige uma *performance* prototípica, sua percepção da diversidade de esquemas que sustentam a fala cotidiana etc.) deve ser o rigoroso ponto de partida para a elaboração de um plano de ensino de língua portuguesa.

O ensino da modalidade oral da língua pode propiciar ricos momentos de trocas genuínas entre escola e comunidade. Propusemos que cada escola fizesse esforços para romper com jargões do tipo "respeitar a linguagem regional do aluno", "respeitar a cultura do outro", buscando concretamente coletar, trazer para a sala de aula alguns esquemas discursivos dessa linguagem, dessa cultura. A organização do contínuo do oral em gêneros ou agrupamento de gêneros dá à escola possibilidades concretas de valorizar – em vez de apenas "respeitar" – a linguagem do aluno, coletando e tematizando a produtividade do uso que a comunidade faz da língua oral.

Em alguns grupos, tivemos a oportunidade de efetivar trocas genuínas com os professores em formação: muitos trouxeram manifestações orais importantes extraídas da memória ou de seus acervos pessoais (causos, contos folclóricos, poesias populares, coletânea de expressões populares, produção de aluno etc.). Evidenciamos que essa troca é uma forma de ampliar o conceito de língua, de pôr em relevo a produtividade linguística (literária ou pragmática) do outro e de engajar subjetividades. Além desse campo do oral, da cultura popular, abordamos também a possibilidade de pôr em ação um agrupamento de gêneros que permitisse abordar a fala pública: debates, discursos, reuniões, entrevistas etc.

Boa parte das reflexões sobre usos da língua oral acabava puxando discussões sobre normas, a utilidade ou não do ensino da gramática normativa, as variações, as relações entre uso da língua e classe social. Instamos também que, no tempo em que vivemos, em que redes e memórias coletivas expandem seus potenciais por meio de tecnologias, as possibilidades de trabalhar com acervos, com coleta, com projetos de interação vêm se tornando cada vez mais concretas e factíveis. Nesse sentido, organizar coletâneas, aprender a coletar, pesquisar a linguagem viva da comunidade é uma forma interessante de dinamizar o par "reflexão e uso" que norteia os Parâmetros Curriculares e, com base nisso, constituir bons programas.

Essa abordagem evidenciou também a fraqueza dos livros didáticos e até mesmo suas limitações diante de um tema e de uma concepção que, por sua complexidade, extrapolam os potenciais do suporte gráfico, exigindo novas formas de registro (presença ao vivo dos interlocutores, gravação magnética, filmagens, ações performáticas etc.) que a falta de recursos editoriais não permite aos livros didáticos.

Em todos os grupos, a abordagem da modalidade oral da língua foi tematizada como imprescindível a um currículo de ensino de língua que realmente queira se conceber como interacionista. A condição *sine qua non* da interação pressupõe escutar o outro em sua autenticidade, em sua cultura, em sua dinâmica discursiva que, no caso brasileiro, é basicamente oral.

O ensino de leitura

Estruturalmente, essa abordagem segue os mesmos princípios interacionistas da abordagem da modalidade oral: um bom leitor é aquele que concentra seus esforços em um campo textual bem mapeado; ler é também se situar no terreno do outro. Em outras palavras, ler bem é se dar conta de que nossos conhecimentos prévios (textuais, linguísticos e de mundo) engajam esquemas inferenciais para que as novidades e os estranhamentos sejam apreendidos. Enfim, o leitor opera com base no já lido, no já conhecido, estabelecendo laços e esquemas cognitivos que permitem o jogo intertextual, a indexação de autorias e estilos, o reconhecimento (ainda que implícito) das diversidades (de gêneros, de tipos, de escola, de autoria etc.) e uma boa prontidão analítica diante do próprio fenômeno da linguagem. Mapear e expandir o já conhecido é aqui, mais uma vez, a regra básica de um programa de leitura. Em todos os grupos, procuramos evidenciar alguns objetivos nesse sentido:

- Incrementar o trabalho nas salas de leitura (que era um objetivo importante do documento de 1991): durante a abordagem do tema, insistimos na importância das "salas de leitura", propusemos a discussão de uma lista de obras literárias e não literárias, procuramos estimular que essa relação fosse cotejada com o acervo existente nas escolas; apresentamos estratégias para incrementar o contato cotidiano do aluno com o acervo e com as diversas práticas de leitura (leitura em voz alta, leitura coletiva, leitura silenciosa, leitura de jornais e revistas, leitura de imagens, murais etc.).

- Rediscutir o importante papel do professor como leitor e motivador principal das situações de leitura: procuramos demonstrar a relevância do outro-leitor presente e desse universo intersubjetivo do qual o leitor em formação tanto necessita. Investimos esforços para fortalecer o papel do professor-leitor, que faz da socialização de suas experiências e práticas de leitura o eixo central de motivação dos leitores em formação.
- Enfatizar também as teorias: trabalhamos com teorias de leitura, procurando esclarecer as questões cognitivas envolvidas no ato de ler: o papel dos conhecimentos prévios, a diferenciação entre decodificar e ler, o conceito de letramento e de alfabetização, a capacidade de inferir, a abordagem de alguns gêneros fundamentais, a diferenciação entre tipos (sequências) textuais etc.
- Enfatizar a importância das práticas de leitura em sala de aula, dos exercícios de compreensão, das leituras complementares e suplementares: nesse sentido, os formadores, em geral, procuraram ler e comentar textos relevantes em sala de aula e discutir o papel dos exercícios de compreensão de texto presentes nos livros didáticos.
- Tratar a leitura como fenômeno transdisciplinar: com base em um texto especialmente construído para essa finalidade, quase todos os grupos tiveram a oportunidade de discutir a importância da interdisciplinaridade na formação do leitor e as possibilidades de redistribuição das responsabilidades (pelo ensino de leitura) entre as diversas disciplinas. Partiu-se da ideia de que a diversidade de gêneros, de objetivos e de conteúdos postos em jogo no campo da leitura e do ensino implica um tratamento didático que vai além da especificidade do professor de língua portuguesa. Propusemos, com base em uma leitura coletiva do texto

citado, uma discussão interdisciplinar nas escolas que tivesse como tema as demandas de leitura das diversas disciplinas, seus modelos textuais em relação às diversas práticas de leitura efetivadas em sala de aula.

Uma contradição flagrante desse tópico foi constatar que a maioria dos professores não lia os textos básicos indicados pelo programa. Enfim, o tema leitura, em muitos grupos, pôs em causa essa subjetividade que quer ensinar a ler, que exige do outro o comportamento (ou, em muitos casos, uma estereotipia de leitor em formação), mas que não consegue dar conta das práticas de leitura exigidas na própria formação profissional.

Produção de texto

Se o já dito e o já lido (a relação entre gênero do discurso e memória coletiva) nortearam o tratamento do ensino do oral e da leitura, o tratamento didático dispensado à produção textual partiu do mesmo pressuposto, ou seja, essa posição do sujeito diante do discurso do outro, no nosso caso, diante daquilo que se lê e se ouve na escola e fora dela.

Fiéis aos propósitos iniciais, procuramos aqui, novamente, um percurso indutivo: partimos de situações concretas trazidas pelos professores (produções textuais de alunos, projetos em andamento, oficinas postas em prática, formas de avaliar, livro didático). Mais uma vez, a concepção de gênero e as propostas dos PCN mostraram-se profícuas, revelando boas afinidades com as propostas de 1991. Em resumo, foi possível desenvolver, entre outros, os seguintes pontos:

- A relação entre concepção de gênero e produção textual: mostrou-se que a tradicional divisão do contínuo textual em três tipos básicos – "narração", "dissertação" e "descrição" – favorece a emergência do texto escolar, do texto que não dialoga com tipos e gêneros que circulam fora da escola. O tratamento do campo, tendo como base o conceito de gênero, permite uma relação mais dinâmica entre os textos que circulam no mundo contemporâneo e as atividades de produção textual na escola. Nesse sentido, apresentamos possibilidades de agrupar (eleger) certa diversidade de gêneros com base em uma série de reflexões sobre os usos contemporâneos da linguagem escrita.

- A importância da circulação social dos textos: insistimos que a produção de um texto, fora da escola, pressupõe uma interlocução real, ou seja, cada texto deve almejar seus leitores, ainda que potencialmente. Assim, insistimos em estratégias que apontavam para a circulação do texto dentro e fora do ambiente escolar e, preferencialmente, que o texto, em seu processo de elaboração, assumisse compromissos com outros textos, outros gêneros já em circulação (literários, de imprensa, das mídias eletrônicas etc.).
- Leitura, reconstrução e paráfrase: procuramos evidenciar que, no processamento de uma boa leitura, há sempre uma reconstrução textual e até mesmo a tentativa de recuperar efeitos de sentido que estão na base da enunciação (do próprio momento sociopsicológico da produção). Essa leitura construtiva, essa capacidade de parafrasear, de assimilar estruturas, de imitar estilos etc. é fundamental para as atividades de produção textual.
- A relação mídia–leitura–produção: tendo em mente esse contexto contemporâneo de mídia e de múltiplas linguagens que os alunos vivenciam no cotidiano, procuramos evidenciar que as atividades de produção devem explorar as diversas linguagens, sobretudo essas que estruturam e motivam as falas cotidianas (jornais, telejornais, propagandas, discursos oficiais etc.).
- Avaliação da produção textual: com base na leitura de textos de alunos e da comunidade e mesmo da reavaliação de "redações" (anteriormente avaliadas por alguns professores do grupo[5]), pudemos

---

5. Que corajosamente aceitaram expor suas correções (anotações de margem, correções ortográficas, comentários, conceitos avaliativos etc.) à análise e aos comentários dos formadores.

observar inversões de valores, cotejar nossos conceitos de texto e, sobretudo, evidenciar que há sempre um "texto escolar" imaginariamente projetado sobre nossos métodos avaliativos. Dessa comparação entre textos que seguem um padrão escolar e textos que se esforçam (ainda que precariamente) na busca de uma expressão mais autêntica, pudemos chegar aos pares escuta/produção, leitura/produção, evidenciando a importância desses dois momentos, o contato sistemático com modelos textuais (tanto orais como escritos) em circulação e as atividades de produção.

Além dos três tópicos citados, também foram abordados outros temas, em alguns grupos constituindo tópicos à parte, em outros compreendidos nas unidades mencionadas: avaliação, projetos, planejamento, relação professor–aluno em sala de aula e outros.

Passemos, agora, a uma análise das questões relevantes presentes nas avaliações e nos relatórios dos formadores. Nossa discussão aqui capta as repetições mais sugestivas, as vozes que ressoavam durante o processo como sinais de desencontros, como marcas de uma renitência que – hoje, com o distanciamento – podem nos indicar pontos estratégicos para novas experiências.

"Modismos" e senso comum

Nas primeiras avaliações detectamos, nos comentários escritos dos professores, um número razoável de reclamações do tipo: "pra mim, não há novidades nesse programa", "tudo o que ele traz, eu já faço, já conheço, já pratico"; embora, no frigir dos ovos, no cotejamento em sala de aula, sobretudo quando partíamos para as oficinas, para os trabalhos práticos, fosse possível perceber que boa parte dos participantes não conhecia os conceitos em jogo. De onde vinham então essas constatações? Vamos aventar uma explicação.

Do mesmo modo que um trabalho, no ensino básico, levanta e põe em desequilíbrio os "conceitos prévios", "o senso comum" dos alunos em relação a um conceito científico, na formação contínua do professor esse processo é igualmente necessário. Nosso campo discursivo (da linguagem) põe em circulação um vasto vocabulário técnico, de domínio aparentemente simples, já banalizado no cotidiano escolar: "interação", "intersubjetividade", "interdisciplinaridade", "discurso", "oralidade", "conhecimentos prévios", "tipologia textual", "gêneros", "narrativas" etc. A escola, o livro didático, o cotidiano escolar captam e usam esses termos, mas nem sempre com base em uma concepção teórica. Obviamente que, durante um programa, essa nomenclatura comum gera por si o efeito de um *déjà vu* que recobre a fala do formador, sobretudo quando ele inicia o processo com uma exposição teórica (aula expositiva). Durante a exposição, se o expositor não se precaver, não propuser uma interatividade mais densa, essa nomenclatura – já tão batida – começa a boiar, a constituir a impressão de que o formador está sempre se referindo a um "senso comum", ao velho campo do já conhecido.

Uma forma de minimizar esse efeito é buscar um caminho mais indutivo, partindo de uma atividade prática aparentemente familiar aos professores, e, com base em interações e conclusões, abstrair os eixos teóricos e, pouco a pouco, ir ressignificando a nomenclatura utilizada. Um exemplo interessante é o campo da oralidade: com tanto a fazer e a aprender nesse campo, os participantes, não raro, apreendem o oral como um campo de ação mais ou menos resolvido ("respeitar a fala do aluno", "não corrigir seus erros de fala", "deixar o aluno se expressar", "organizar alguns debates na sala de aula", "alfabetizar usando parlendas e cantigas de roda", "fazer teatro" etc.). Quando introduzimos aí o conceito bakthiniano de gêneros do discurso como um instrumento semiótico para mapear a diversidade de usos que os homens fazem da linguagem (ou que a linguagem faz dos homens!) e permitir seu planejamento, nem sempre o professor se predispõe a acompanhar e acaba captando a "novidade" ou como "um modismo" que nada acrescenta à velha prática ou como um ramerrão travestido de novo. Obviamente que a falta de leitura dos textos teóricos e até mesmo certo menoscabo em relação ao conhecimento teórico contribuem significativamente para essa banalização dos conceitos em jogo.

Apesar dessas constatações, as avaliações mostraram que as estratégias pedagógicas que fundamentavam-se nas atividades práticas (oficinas, simulações, uso de material trazido pelos professores etc.) obtiveram mais sucesso tanto no processo de deslocar esse *déjà vu* e essas simplificações, como na remissão dos participantes aos textos de apoio. Fica mais fácil justificar as indicações de leitura quando os professores participantes constatam que há muitas diferenças entre suas concepções e as postas em jogo.

Relação entre o processo e o programa

Recebemos também várias críticas que apontavam certa diferença ou mesmo distâncias razoáveis entre o processo pedagógico posto em jogo pelo formador e o plano entregue no primeiro dia de aula, que fora concebido coletivamente. De fato, as críticas eram procedentes. Ao constituir um grupo de nove formadores, nem sempre temos condições de garantir uma atuação homogênea. Alguns formadores, muitas vezes, acabam individualizando o processo e gerando um distanciamento teórico entre programas e atividades pedagógicas.

A experiência nos fez reconhecer que um programa de formação precisa constituir seus grupos de maneira mais orgânica, discutir com mais rigor a importância dos esforços coletivos, da busca de um mesmo eixo teórico (claro que sempre mantendo uma margem para a emergência de pontos de vista singulares, de questionamentos genuínos). Esse grupo orgânico e bem estruturado e um bom modelo de atuação coletiva deverão fazer parte da pesquisa universitária, uma vez que, a cada dia, temos mais certeza de que os processos de formação contínua – diferentemente de cursos isolados – vão sempre requerer trabalho em rede, objetivos e estratégias comuns.

"Aulas cansativas", "queremos aulas práticas"

Procuramos, na montagem do programa, em nossas discussões, conceber a aula como um momento genuíno de trocas, como um espaço de intersubjetividade, de interação e instamos com todos os formadores para que houvesse uma "isomorfia" entre os princípios teóricos do interacionismo e a dinâmica das aulas, ou seja, não era nosso desejo reproduzir aquela clássica situação do "faça o que falo, mas não faça o que eu faço".

Todos os formadores estavam cientes de que o longo tempo da aula (quatro horas) requereria estratégias diversificadas (aulas expositivas, dinâmicas de grupo, oficinas, momento de síntese coletiva etc.); enfim, esses expedientes e essas estratégias foram pensados para evitar a verborragia, essa polarização rígida de fala–escuta. Dinamizar a aula significa criar as condições para que a interação realmente ocorra. Há diversos empecilhos postos pelos formandos para evitar que a aula se torne verdadeiramente interativa: timidez, medo de cometer erros, desencontros teóricos, indisposição, falta de conhecimento de objetivos etc. Lidar com esses empecilhos é imprescindível para dinamizar o grupo, torná-lo produtivo.

Não há dúvidas, as avaliações mostraram com clareza: os formadores bem avaliados foram aqueles que variaram suas estratégias e procuraram um percurso mais indutivo (das "aulas práticas" às teorias) na condução do processo. Em geral, as *performances* de formadores rotuladas como "cansativas" eram aquelas centradas na verborragia, na aula expositiva e, frequentemente, em percursos mais dedutivos (exposição da teoria seguida de exemplificações).

Apesar de sentirmos que o enfado diante da exposição teórica e algumas reivindicações por aulas práticas, por oficinas, revelavam de certa maneira inaptidão de alguns professores para o esforço intelectual, podemos enxergar aí também nossa dolorida contraparte, a coerência teórica e metodológica de um programa de formação contínua e sua relação com a pesquisa acadêmica. Novamente, estamos diante da questão crucial que abre este artigo: qual é o papel da transposição pedagógica? O que faz um pesquisador no campo da "metodologia de ensino", senão lidar com a relação teoria–prática? Por que essa reivindicação dos professores (e mesmo de alunos de graduação) incomoda tanto? Talvez porque, como pesquisadores de países em desenvolvimento, nem sempre temos dificuldades de olhar nossa realidade de forma autêntica, de rever e reinventar nossas práticas; estamos, sim, sempre prontos a repassar um discurso, um bom discurso teórico.

Para finalizar, reiteramos que tanto a universidade como as redes precisam rever algumas questões fundamentais, sobretudo tomar consciência de que projetos de formação contínua são diferentes de cursos. Enquanto a formação contínua pressupõe a rede escolar realmente funcionando em rede e o trabalho coletivo e orgânico de equipes preparadas para essa finalidade, um curso consegue se sustentar fundamentando-se em uma visão mais individualista, mais aberta às idiossincrasias do formador. Ambos os momentos são necessários – os PECs para organizar o trabalho escolar, para dar consistência a currículos e projetos escolares; os cursos para garantir o crescimento livre e aberto de cada professor.

Em um programa de formação contínua, a escola deve ser o ponto de partida de todas as decisões, uma vez que é a detentora da memória coletiva, da história dos processos anteriores. O conceito de continuidade deve prevalecer para evitar as rupturas, os projetos "fogos de palha" que tanto têm caracterizado a escola brasileira. Preservar o eixo histórico da formação da rede, dos núcleos regionais e da unidade escolar, retomando – mesmo que para ressignificar – os compromissos já assumidos. Se for o caso de transcendê-los, que o processo seja dialético, que se dê por meio de uma dinâmica de comparação e não por "apagões", por bloqueios e por recalcamentos.

O PEC/2000, apesar de ter enfrentado esse turbulento período de final de um desastroso mandato político, na área de linguagem teve seus méritos. Possivelmente, na maioria dos grupos e para a maioria dos professores, conseguimos não apenas retomar e ressignificar propostas anteriores, como também cotejá-las com propostas oficiais (LDB, PCN, PNLD[6] etc.) e com vertentes teóricas mais atuais. Outro mérito ainda maior foi o de ter posto em discussão certo inconformismo em relação aos modelos de formação contínua que não preservam e não exploram a história da rede, dos programas e, sobretudo, da escola, como referências seguras para sustentar, justificar e garantir continuidades.

---

6. LDB – Lei de Diretrizes e Bases da Educação, 1996; PCN – Parâmetros Curriculares Nacionais: terceiro e quarto ciclos do ensino fundamental (língua portuguesa), 1998; PNLD – Programa Nacional do Livro Didático, 2000.

Referências bibliográficas

BRASIL. Ministério da Educação. *Parâmetros Curriculares Nacionais*: terceiro e quarto ciclos do ensino fundamental – língua portuguesa. Brasília: MEC/SEF, 1998.

SÃO PAULO (Estado). Secretaria Municipal de Educação. *Movimento de reorientação curricular*: português: visão de área. 1/7. Documento n. 5. São Paulo: CO.DOT-PSG-As 002, 1992.

3

Formação do professor de matemática: currículos, disciplinas, competências, ideias fundamentais

Nílson José Machado

Professor de matemática: as concepções e as ações

Formação permanente é a regra do jogo

Falar de formação do professor de matemática pode remeter inconscientemente à existência de uma má-formação, bem como de condições de trabalho inadequadas. Questões como o conhecimento insuficiente dos professores acerca dos conteúdos a serem ensinados ou a necessidade premente de melhoria de padrões salariais costumam situar-se no centro das atenções. Em consequência, as críticas podem tornar-se simples, até mesmo caricaturais, e as propostas de ação, apesar de aparentemente consensuais, afastam-se do terreno do estritamente pedagógico. As componentes políticas em sentido amplo sobressaem, e uma sensação de impotência pode contaminar todos.

Não será esse o foco do presente texto. Mesmo nos países em que essas questões políticas fundamentais já tiveram soluções satisfatórias há décadas, professores continuam a ser formados e certas questões de natureza geral permanecem no centro das atenções. Particularmente no que tange ao ensino de matemática, essa constatação é muito nítida. Ideias preconcebidas e frequentemente preconceituosas quanto ao tema encontram-se presentes em diferentes âmbitos ou culturas. As tecnologias, com sua volúpia inovadora, impregnam as atividades escolares, transformando concepções básicas, como as de espaço como sistema de proximidades ou tempo, elementos constituintes das narrativas significativas. A necessidade de uma formação permanente é absolutamente consensual: estamos docemente condenados a estudar e nos aperfeiçoar sempre. No Brasil, em Israel, na Finlândia, em Portugal, na Irlanda, na Espanha ou no Japão, hoje e sempre, é tempo de formação.

No que se segue, as peculiaridades da formação continuada do professor de matemática estarão no centro das atenções.

Dificuldades com o ensino de matemática: cenário

A anomalia nos resultados com o ensino de matemática nos diversos níveis escolares é amplamente reconhecida. Um aparente consenso quanto à existência de problemas não significa, no entanto, uma convergência nos diagnósticos.

Alguns afirmam que as dificuldades resultam de certas características intrínsecas da matemática. Por ser um tema que envolve constantemente o recurso a abstrações, ela exigiria de seus aprendizes e praticantes algumas aptidões peculiares, inatas. Outros pretendem que a origem dos problemas é de natureza didática e está associada a metodologias arcaicas, hoje inadequadas. O que se observa, no entanto, é que muitas das novas metodologias representam apenas modificações periféricas nas práticas tradicionais, revestidas de uma linguagem mais atraente. Há quem culpe os currículos, acusando-os de insuficiente atualização, o que conduziria a uma cristalização nos conteúdos apresentados. Contudo, as sucessivas propostas curriculares, nos mais diferentes países, não têm sido suficientes para alterar significativamente o panorama. Há os que concentram as críticas na insuficiente apresentação de aplicações práticas para os conteúdos ensinados, mas as crianças continuam a gostar muito de contos de fadas, distantes da vida cotidiana, e a fazer pouco caso dos conceitos matemáticos. Há ainda os que depositam suas fichas na falta de interesse dos alunos ou em dissonâncias psicológicas na aprendizagem escolar, mas os alunos não são inapetentes em todos os temas, demonstrando grande entusiasmo com certos temas extraescolares.

Questão fundamental: encantamento

Metodologias, epistemologias, psicologias, modernizações curriculares relacionam-se efetivamente com os problemas no ensino e na aprendizagem de matemática, mas existe um território, na região de confluência de todas essas vertentes, que nos parece merecedor de uma atenção especial. Consideramos que a maior fonte de dificuldades com a matemática resulta da falta de entusiasmo dos alunos pelo tema. Injustamente associada apenas a operações com números ou a técnicas de fazer contas, a matemática perde grande parte de seu encanto.

É certo que as ferramentas matemáticas nos ajudam a lidar com a realidade concreta. Seu uso reiterado no dia a dia e sua importância como linguagem das ciências, em todas as áreas, são indiscutíveis. No entanto, há algo na matemática que escapa a qualquer sentido prático/utilitário, que expressa relações, às vezes surpreendentes, e nos ajuda a construir o significado do mundo da experiência, no mesmo sentido em que um poema o faz. Um poema nunca se deixa traduzir em termos de utilidade prática: ele nos faz sentir, compreender, instaura novos sentidos, dá vida a contextos ficcionais. Não vivemos de ficções, mas não vivemos sem a abertura propiciada pelo fictício. A matemática partilha com a poesia esse potencial para criar novos mundos, inspirados na realidade, mas cheios de encantamento.

Para enfrentar as dificuldades com o ensino de matemática, mais do que despertar o interesse pelas suas aplicações práticas, é fundamental desvelar sua beleza intrínseca, sua vocação para a apreensão dos padrões e das regularidades na natureza, suas relações diretas com os ritmos, com a música, com as artes de modo geral. É preciso compreendê-la como um sistema básico de expressão e compreensão do mundo, em sintonia e em absoluta complementaridade com a língua materna. É necessário pensar e sentir, consumir e produzir, compreender e fruir os temas que estudamos. Como na vida cotidiana, é inevitável deparar com mistérios, com questões complexas demais para certezas ingênuas, tão comuns aos muito jovens ou aos muito loucos. Em outras palavras, é preciso reencantar a matemática.

Contar, contar histórias

É fato conhecido que, em quase todas as línguas, o verbo "contar" tem duas acepções convergentes: enumerar e narrar. Em português, "contar uma história" ou "fazer de conta" revelam indícios dessa proximidade. A linguagem matemática é plena de suposições. Uma sentença matemática típica é do tipo "se A, então B", ou seja, supondo que A seja verdade, então B também o será. Em alemão, *zahl, zahlen, erzahlen* significam, respectivamente, *número* (na contagem), *enumerar, narrar*. Em inglês, *tale, tell, talk* também decorrem do alemão arcaico *tal*, que deu origem a *zahl*. As expressões "contos de fadas" ou "*fairy tales*" nos ajudam, pois, a lembrar de uma importante acepção do verbo "contar".

Contar uma história é construir uma narrativa, uma temporalidade que mimetiza de modo fantástico a sucessão dos números naturais. Os alunos adoram uma história bem contada, uma narrativa fabulosa, um enredo sedutor. Em todas as faixas etárias, gostamos de nos encantar, de soltar a imaginação, de nos maravilhar. Histórias como *Harry Potter, O senhor dos anéis*, entre tantas outras, seduzem os leitores e atraem a atenção.

A construção do conhecimento em todas as áreas também apresenta aspectos sedutores, dimensões maravilhosas, que exigem narrativas bem arquitetadas para se constituir. Entretanto, as histórias que nos contam na escola, especialmente nas aulas de matemática, são frequentemente desprovidas de encantamento. Mesmo quando os conteúdos servem de suporte para uma apresentação de natureza fabulosa, os professores costumam subestimar a força inspiradora do roteiro, da narrativa, e logo querem nos ensinar a moral da história. As explicações, muitas vezes, antecedem as perguntas: quebram o encantamento não favorecendo a fruição tácita das relações, o diálogo entre contextos, a transferência de estruturas, a extrapolação das percepções.

Mesmo não nos dedicando no presente momento especialmente a explorar a trilha sugerida, que põe em destaque o fato de que conhecer é conhecer o significado e este se constrói essencialmente por meio de narrativas, a semente fica aqui plantada. Afinal, como muito bem ilustrou Malba Tahan, para ensinar matemática é fundamental saber contar histórias.

Currículos, disciplinas, fragmentação disciplinar

A natural multidisciplinaridade e a fragmentação

Já vai longe a época em que a matemática e a língua materna dominavam amplamente os currículos da escola básica e "ler, escrever e contar" expressavam o elenco de competências que deveria derivar dessas disciplinas. Há muito tempo o currículo escolar estrutura-se de modo bem mais complexo, e o número de disciplinas a serem estudadas vai muito além do par matemática/língua. Desde o advento da ciência moderna, o surgimento de novas disciplinas parece natural, mas as interações entre elas não se fortaleceram proporcionalmente. Em consequência, o conhecimento escolar apresenta-se extremamente fragmentado. Um aluno do ensino médio assiste a um desfile de mais de 15 disciplinas nas atividades rotineiras, e o significado do que é ensinado se esvai por entre os dedos.

Em todos os níveis de ensino, ocorre um aumento no rol de matérias a serem estudadas. A ausência ou a fragilidade das relações significativas entre elas conduzem facilmente ao desinteresse. Os alunos interessam-se pela vida, são seduzidos por inúmeros temas extraescolares, mas, muitas vezes, desdenham dos temas escolares. O calcanhar de Aquiles da escola é essa falta de interesse pelos conteúdos programáticos das diferentes disciplinas.

Fragmentação disciplinar, esgarçamento do significado, perda do interesse são efeitos naturalmente interligados. Na raiz dos três, encontram-se a descaracterização da ideia de disciplina e sua consequente proliferação acrítica. Tendo-se transformado em mero canal de comunicação entre a escola e a vida, a ideia de disciplina banalizou-se. Temas como educação sexual, educação ambiental, matemática financeira, por exemplo, podem ser muito interessantes para aulas de biologia, geografia ou matemática, mas decididamente não têm o estofo de disciplinas e não podem ser tratados como se o fossem.

Disciplina: significado e função

Em sentido próprio, uma disciplina é uma via, é um meio de trazer o conhecimento em amplitude e plenitude para a sala de aula. Disciplinas são espaços de mediação entre a criação do conhecimento e sua aprendizagem, entre a produção e a transmissão do conhecimento. Para constituir o conhecimento escolar, o conhecimento institucionalizado precisa ser organizado, disciplinado, subdividido, articulado em um currículo, ou um conjunto de vias, para a tramitação dos conteúdos; essas vias são as disciplinas. Desde a origem, a ideia de currículo está associada à de uma articulação de caminhos para serem percorridos, a um mapa de cursos de ação, ou de percursos.

O primeiro currículo de que se tem registro na história do pensamento ocidental é o *Trivium*, ensinado nas escolas e nas universidades até a Idade Média. Representava um conjunto de três disciplinas (três vias) – gramática, lógica e retórica – que eram ensinadas para a formação básica das pessoas. Daí se origina a palavra *trivial:* o que todos devem saber. A gramática visava ao conhecimento da língua materna, elo fundamental na constituição da vida coletiva. Tratar mal a língua materna era considerado, então, um atestado de incivilidade. A lógica – entendida como dialética – era um instrumento a serviço do desenvolvimento da capacidade de argumentação, para fundamentar a tomada de decisões. E a retórica consistia no exercício da competência na escolha de formas de falar e argumentar a fim de produzir o convencimento dos ouvintes. Sua presença no currículo era uma declaração expressa de que falar corretamente e até argumentar com discernimento não bastam: é preciso interessar-se pelo outro.

A arquitetura harmoniosa do *Trivium* era sucedida por outra, igualmente bem articulada, que era o *Quadrivium*, um currículo de aprofundamento, que consistia em mais quatro disciplinas: aritmética e música; geometria e astronomia. As duas primeiras eram consideradas o estudo dos números (em repouso: aritmética; em movimento: música); as duas seguintes consistiam no estudo das formas (em repouso: geometria; em movimento: astronomia). Em conjunto, as sete disciplinas citadas constituíam o currículo para a formação integral daqueles que estudavam. Na época, a escola não era para todos.

Com o advento da ciência moderna, a concepção de conhecimento modificou-se significativamente, dando origem a um novo conjunto de disciplinas. No século XVII, Descartes propôs a imagem de uma árvore para a representação do conhecimento. As raízes dessa árvore seriam a metafísica; o tronco, a física, entendida como filosofia natural; e os ramos, as diversas disciplinas, como a medicina, a mecânica, a óptica etc. Diferentemente do *Trivium*, a língua materna não tinha nenhuma presença de peso na representação cartesiana, que atribuía à matemática o papel de linguagem da ciência. A própria matemática não aparecia como uma disciplina localizada na árvore, mas sim como a seiva que continuamente a alimentava, ou seja, como condição de possibilidade do conhecimento.

Disciplinas: o excesso de fragmentação

A partir da segunda metade do século XIX e ao longo de todo o século XX, as disciplinas multiplicaram-se, e como já foi dito, os currículos tornaram-se excessivamente complexos e perderam a unidade que os caracterizava nas fases iniciais. Continuamente, temas situados em regiões fronteiriças de disciplinas estabelecidas reivindicam o estatuto de novas disciplinas. A especialização crescente conduz à criação de disciplinas no interior das já existentes, verdadeiras intradisciplinas. Paulatinamente, os currículos perderam a visão de totalidade, a pretensão de abrangência, e as disciplinas deixaram de ser pensadas como vias, como meios para atingir fins que as transcendam.

Ao mesmo tempo, instalou-se uma espécie de intolerância disciplinar, em que praticantes e estudiosos de cada tema defendem seu território com afinco e proclamam que o conhecimento de seus conteúdos básicos é imprescindível a qualquer cidadão. No final do ensino médio, os vestibulares são um momento especialmente propício para a constatação dessa intolerância. O grau de fragmentação dos conteúdos é tão grande que o significado mesmo de cada tema, na perspectiva do cidadão comum, esvai-se por entre os dedos. Os conteúdos perdem progressivamente o caráter de meio de formação pessoal e parecem transformar-se em obstáculos a serem superados. Em experiência de pensamento, é possível conjecturar que a maior parte dos docentes ou pesquisadores de universidades prestigiosas não seria aprovada nos exames de ingresso às instituições em que lecionam...

Naturalmente, a anomalia que esse fato representa tem origem na fragmentação excessiva dos conteúdos disciplinares. As disciplinas são instrumentos necessários, são meios imprescindíveis na construção do conhecimento, mas, sem uma visão de conjunto da foto que se examina, um estudo pontual, precocemente especializado, somente pode conduzir a tecnicidades insignificantes.

Na medida em que são mediações entre o conhecimento em sentido amplo, cada vez mais complexo, e o conhecimento escolar, necessariamente organizado em disciplinas, é natural que os currículos sejam multidisciplinares, mas é necessário levar em consideração essa tendência a um aumento da fragmentação, que se encontra na origem da perda de significado do que se estuda. Dado que o movimento de especialização crescente não tem retorno, é preciso equilibrá-lo com um movimento em sentido contrário, de ascensão em busca de uma visão mais abrangente da totalidade do conhecimento. Ao mesmo tempo que estudamos temas intradisciplinares cada vez mais finos, como o mapeamento genético, precisamos de conceitos cada vez mais abrangentes, como os que nascem no terreno da bioética. À decifração do genoma humano temos de associar reflexões mais densas sobre o significado do ser humano, da consciência pessoal, do início e do fim da vida.

Para lidar com o excesso de fragmentação, tendo em vista a compreensão do significado do que se ensina, um recurso disponível é o revigoramento da ideia de que as disciplinas são meios para a formação e o desenvolvimento das competências pessoais. É fácil aceitar que essas competências devem ir muito além da tríade "ler, escrever e contar", mas é imprescindível responder à questão: o que se põe no lugar dessa tríade?

Disciplinas, competências, áreas do conhecimento

A matemática e as competências: o Enem

Nas últimas duas décadas, explicitou-se com mais nitidez o que já era apresentado tacitamente em todas as propostas curriculares: por mais importantes que sejam, os conteúdos disciplinares, nas diversas áreas, são meios para a formação dos alunos como cidadãos e como pessoas. As disciplinas são imprescindíveis e fundamentais, mas o foco permanente da ação educacional deve se situar no desenvolvimento das competências pessoais dos alunos, ou seja, o fim último da educação é a formação pessoal. Mas quais seriam essas competências pessoais a serem desenvolvidas por meio das disciplinas?

Na matriz do Exame Nacional do Ensino Médio (Enem), cinco são as competências básicas cujo desenvolvimento conduz a uma formação pessoal consistente. De modo sintético, elas são relacionadas a seguir:

- Competência I: capacidade de expressão em diferentes linguagens, incluídas a língua materna, a matemática, as artes, entre outras.
- Competência II: capacidade de compreensão de fenômenos, que incluem desde a leitura de um texto até a "leitura" do mundo.

- Competência III: capacidade de contextualizar os conteúdos disciplinares, de problematizar, de enfrentar situações-problema.
- Competência IV: capacidade de argumentar de modo consistente, de desenvolver o pensamento crítico.
- Competência V: capacidade de sintetizar, de decidir, após as análises argumentativas, e elaborar propostas de intervenção solidária na realidade.

Sem dúvida, a matemática relaciona-se diretamente com todas as capacidades acima relacionadas. Como se pode depreender da observação da matriz de competências do Enem, nenhuma disciplina constitui um fim em si mesma, nem deve ser considerada um conteúdo destinado apenas a especialistas ou pessoas com dons especiais. A matemática nos currículos deve constituir, em parceria com a língua materna, um recurso imprescindível para uma expressão rica, uma compreensão abrangente, uma argumentação correta, um enfrentamento assertivo de situações-problema, uma contextuação significativa dos temas estudados. Quando os contextos são deixados de lado, os conteúdos estudados deslocam-se sutilmente da condição de *meios* para a de *fins* das ações docentes. E sempre que aquilo que deveria ser apenas *meio* transmuta-se em *fim*, ocorre o fenômeno da mediocrização.

Para exemplificar esse fato, mencionamos que todos vivemos em busca de um ideal, temos um projeto de vida e, para tanto, precisamos garantir nossa subsistência, dispondo de alimentação, moradia, entre outras condições básicas. Se toda a nossa vida se resume à busca da garantia dessas condições mínimas de sobrevivência, não temos mais do que uma vida medíocre. Analogamente, trabalhamos para realizar nossos projetos, e a justa remuneração que devemos receber é um meio para isso; quando o dinheiro deixa de ser o *meio* e passa a ser o *fim* de nossa atividade, não temos mais do que uma vida profissional medíocre. Do mesmo modo, a transformação dos conteúdos das matérias escolares em fins da educação básica somente pode conduzir a um ensino medíocre.

A caracterização dos conteúdos disciplinares como meio para a formação pessoal coloca em cena a necessidade da contextuação desses conteúdos, uma vez que uma apresentação escolar sem referências ou com mínimos elementos de contato com a realidade concreta dificulta a compreensão dos fins a que se destina. É fundamental, no entanto, que a valorização da contextuação seja equilibrada com o desenvolvimento de outra competência, igualmente valiosa: a capacidade de abstrair o contexto, de apreender relações que são válidas em múltiplos contextos, e, sobretudo, a capacidade de imaginar situações fictícias, que não existem concretamente, ainda que possam vir a ser realizadas. Tão importante quanto referir o que se aprende a contextos práticos é ter capacidade de, com base na realidade factual, imaginar contextos ficcionais, situações inventadas que proponham soluções novas para problemas efetivamente existentes. Limitar-se aos fatos, ao que já está feito, pode conduzir ao mero fatalismo. Sem abertura para o mundo da imaginação, do que ainda não existe como contexto, estaríamos condenados a apenas reproduzir o que já existe, consolidando um conservadorismo no sentido mais pobre da expressão.

Ainda que o desenvolvimento dessa capacidade de abstração esteja presente nos conteúdos de todas as disciplinas, ela se encontra especialmente associada aos objetos e aos conteúdos de matemática. Na verdade, na construção do conhecimento, o ciclo não se completa, senão quando se constitui o movimento contextuar/abstrair/contextuar/abstrair... Quando se critica a abstração de grande parte dos conteúdos escolares, o que se reclama é da falta da complementaridade da contextuação; igualmente criticável pode ser uma fixação rígida de contextos, na apresentação dos diversos temas. De modo geral, uma rígida associação entre conteúdos e contextos, que tolha a liberdade de imaginação de novas contextuações, pode ser tão inadequada quanto uma ausência absoluta de interesse por contextos efetivos para os conteúdos estudados na escola.

A nova tríade de competências

Vamos, agora, procurar responder à questão da substituição da antiga tríade "ler, escrever e contar" por uma nova, tendo por base a noção de competência. Fundamentando-se nas ideias gerais apresentadas na formulação do Enem, mas amplificando o destaque à valorização da capacidade de extrapolação de contextos anteriormente referida, é possível vislumbrar um elenco de competências a serem desenvolvidas pelos alunos ao longo da escola básica, que constitui *três pares complementares de competências*, que correspondem a três eixos norteadores da ação educacional, ou uma nova tríade de metas a serem perseguidas pelas disciplinas:

- O eixo *expressão/compreensão*: a capacidade de expressão do eu, por meio das diversas linguagens, e a capacidade de compreensão do outro, do "não eu", do que me complementa, o que inclui desde a leitura de um texto, de uma tabela, de um gráfico, até a compreensão de fenômenos históricos, sociais, econômicos, naturais etc.
- O eixo *argumentação/decisão*: a capacidade de argumentação, de análise e de articulação das informações e das relações disponíveis, tendo em vista a viabilização da comunicação, da ação comum, a construção de consensos, e a capacidade de elaboração de sínteses de leituras e argumentações, tendo em vista a tomada de decisões, a proposição e a realização de ações efetivas.
- O eixo *contextuação/abstração*: a capacidade de contextuação dos conteúdos estudados na escola, de enraizamento na realidade imediata, nos universos de significações – sobretudo no mundo do trabalho – e a capacidade de abstração, de imaginação, de consideração de novas perspectivas, de virtualidades, de potencialidades para conceber o que ainda não existe.

Nos três eixos citados, o papel da matemática é facilmente reconhecido e, sem dúvida, é fundamental. No primeiro eixo, ao lado da língua materna, a matemática compõe um par complementar como meio de expressão e de compreensão da realidade. Quando ainda muito pequenas, as crianças interessam-se por letras e números sem elaborar nenhuma distinção nítida entre as duas disciplinas. Se depois, no percurso escolar, passam a temer os números ou a desgostar-se com eles, isso decorre mais de práticas escolares inadequadas e circunstâncias diversas do que de características inerentes aos números. Os objetos matemáticos – números, formas, relações – constituem instrumentos básicos para a compreensão da realidade, desde a leitura de um texto ou a interpretação de um gráfico até a apreensão quantitativa de grandezas e relações presentes em fenômenos naturais ou econômicos, entre outros.

No eixo argumentação/decisão, o papel da matemática como instrumento para o desenvolvimento do raciocínio lógico, da análise racional – tendo em vista a obtenção de conclusões necessárias – é bastante evidente. Destaquemos apenas dois pontos cruciais. Primeiro, na construção do pensamento lógico, seja ele indutivo seja dedutivo, a matemática e a língua materna partilham fraternalmente a função de desenvolvimento do raciocínio. Na verdade, nesse terreno, a fonte primária é a língua, e a matemática é uma fonte secundária – não em importância, mas porque surge em segundo lugar, depois da língua materna, na formação inicial das pessoas. O segundo ponto a ser considerado é que, no tocante à capacidade de sintetizar, de tomar decisões com base nos elementos disponíveis, a matemática assume um papel preponderante. Suas situações-problema são mais nítidas do que as de outras matérias, favorecendo o exercício do movimento argumentar/decidir ou diagnosticar/propor. Em outras palavras, aprende-se a resolver problemas primariamente na matemática e secundariamente nas outras disciplinas.

No que se refere ao terceiro eixo de competências, a matemática é uma instância bastante adequada, ou mesmo privilegiada, para aprender a lidar com os elementos do par concreto/abstrato. Mesmo sendo considerados especialmente abstratos, os objetos matemáticos são os exemplos mais facilmente imagináveis para compreender a permanente articulação entre as abstrações e a realidade concreta. De fato, contar objetos parece uma ação simples que propicia uma natural relação entre essas instâncias: o abstrato número 5 não é nada mais do que o elemento comum a todas as coleções concretas que podem ser colocadas em correspondência um a um com os dedos de uma mão, sejam essas coleções formadas por bananas, abacaxis, pessoas, ideias, pedras, fantasmas, poliedros regulares, pintores notáveis etc. Na verdade, em qualquer assunto, não é possível conhecer sem abstrair. A realidade costuma ser muito complexa para uma apreensão imediata; as abstrações são simplificações que representam um afastamento provisório da realidade, com a intenção explícita de compreendê-la melhor. A própria representação escrita dos fonemas, no caso da língua materna, costuma ser menos "amigável", ou mais "abstrata", do que grande parte dos sistemas de numeração, na representação de quantidades. As abstrações não são um obstáculo para o conhecimento, mas constituem uma condição sem a qual não é possível conhecer. No que se refere às abstrações, a grande meta da escola não pode ser a de eliminá-las – o que seria um verdadeiro absurdo – mas sim o de tratá-las como instrumentos, como meios para a construção do conhecimento, em todas as áreas, e não como um fim em si mesmo.

A matemática e as áreas do conhecimento

A integração natural matemática/língua materna

Em todas as épocas, em todas as culturas, a matemática e a língua materna constituem dois componentes básicos dos currículos escolares. Esse fato era traduzido, em tempos antigos, pela tríplice caracterização da função da escola, como o lugar em que se devia aprender a "ler, escrever e contar", o que significava, sinteticamente, uma dupla "alfabetização", no universo das letras e dos números.

Naturalmente, há muito essa "alfabetização" que se espera da escola ampliou seu raio de ação, incorporando o interesse pelas múltiplas formas de linguagens presentes na sociedade contemporânea e estendendo-se para os universos das ciências e das tecnologias, particularmente no que se refere às tecnologias informáticas.

Em decorrência desses fatos, em organizações curriculares mais recentes, como nos Parâmetros Curriculares Nacionais (PCN), um mapeamento do conhecimento a ser apresentado disciplinadamente –

e disciplinarmente – na escola sugeriu a organização dos conteúdos disciplinares em três grandes áreas:

- Linguagens, incluindo-se línguas estrangeiras e educação física e artes, como diferentes formas de expressão.
- Ciências humanas, incluindo-se história, geografia e filosofia, no caso do ensino médio.
- Ciências da natureza e matemática, uma grande área que incluiu a física, a química, a biologia e a matemática, no caso do ensino médio.

No que diz respeito à matemática, houve, na época, discussões referentes à especificidade excessiva que a disciplina aparentava, gerando frequentemente nos alunos uma sensação de desamparo absolutamente indevida. Foram examinadas diversas ações para minimizar essa sensação, entre as quais a possibilidade de a matemática ser incluída na área de linguagens ou na de ciências da natureza, em vez de constituir-se em uma área com identidade própria. Certamente, faria sentido incluí-la na área de linguagens, uma vez que, com a língua materna, a matemática compõe o par de sistemas simbólicos fundamentais para a representação da realidade, para a expressão de si e compreensão do outro, para a leitura em sentido amplo, tanto de textos quanto do mundo dos fenômenos. Igualmente faria sentido incluí-la na área de ciências da natureza, em decorrência de sua grande e histórica proximidade com a física, por exemplo, desde as origens da ciência moderna, com Galileu, até os trabalhos de Descartes, com seu sonho de expressão de todo conhecimento confiável na linguagem matemática, ou de Newton, com sua imensa competência em traduzir matematicamente fenômenos de múltipla natureza. No final das discussões, prevaleceu, na apresentação dos PCN, a incorporação da matemática pela área de ciências da natureza.

No estado de São Paulo, as propostas curriculares foram revigoradas e atualizadas de modo significativo em 2008. Nelas, a matemática sempre foi considerada uma área específica. Essas propostas constituíram um esforço expressivo, e em alguns sentidos pioneiro, na busca de uma aproximação entre os conteúdos escolares e o universo da cultura, especialmente no que tange às contextuações e à busca de uma instrumentação crítica para o mundo do trabalho. Essa rica herança pedagógica sobreviveu a uma avalanche de novidades passageiras e serve agora de ponto de partida para que, incorporadas as necessárias atualizações, novos passos possam ser dados, no sentido de sua realização efetiva no terreno das práticas escolares. O novo currículo, apresentado em 2008, certamente inspirou-se na proposta anterior, mantendo a área de matemática como um território específico, distinto tanto das linguagens quanto das ciências da natureza, apesar de partilhar com essas áreas múltiplas ideias fundamentais.

Por que a matemática como uma área do conhecimento?

Três são as razões principais da opção pela constituição de uma área do conhecimento específica para a matemática.

Em primeiro lugar, a incorporação da matemática tanto pela área de ciências da natureza quanto pela área de linguagens pode elidir o fato de que, mesmo tendo as características de uma linguagem e sendo especialmente importante e adequada para a expressão científica, a matemática apresenta um universo próprio muito rico de ideias e objetos específicos, como os números e as operações, as formas geométricas, as relações entre esses temas, sobretudo as métricas. Essas ideias e esses objetos são fundamentais para a expressão pessoal, a compreensão de fenômenos, a construção de representações significativas e argumentações consistentes nos mais variados contextos, incluindo-se as chamadas ciências humanas.

No caso dos Parâmetros Curriculares Nacionais (PCN), a inclusão da matemática na área de ciências da natureza teve o efeito salutar de diminuir o risco de se ter o conteúdo matemático na escola básica como um fim em si mesmo, enfatizando sua condição instrumental. Entretanto, a partir da consolidação da ideia de competências apresentada pelo Exame Nacional do Ensino Médio (Enem), esse risco deixou de existir, explicitando-se com nitidez o que já era apresentado tacitamente em propostas anteriores: todos os conteúdos disciplinares, nas diversas áreas, são meios para a formação dos alunos como cidadãos e como pessoas. As disciplinas são imprescindíveis e fundamentais, mas o foco permanente da ação educacional deve situar-se no desenvolvimento das competências pessoais dos alunos.

Uma segunda razão para a apresentação da matemática como uma área do conhecimento é o fato de que uma parte importante da especificidade da matemática resulta esmaecida, quando ela se agrega tanto às linguagens em sentido amplo quanto às ciências da natureza. A matemática compõe com a língua materna um par fundamental, mas um par complementar: é impossível reduzir um dos sistemas simbólicos ao outro. Uma língua que pretenda se aproximar demasiadamente do modo de operar da matemática resulta empobrecida, o mesmo ocorrendo com um texto matemático que assuma uma ambivalência apropriada apenas à expressão linguística. A multiplicidade de sentidos de cada elemento simbólico é própria da língua corrente e é intencionalmente controlada na expressão matemática. A pretensão da expressão precisa é natural na matemática, mas pode empobrecer o uso corrente da língua; afinal, a linha reta faz bem ao caráter, mas faz mal ao poeta... Não é que a língua não possa ser precisa: ela o é exemplarmente, como bem o revela o texto poético, em que uma palavra não pode ser substituída nem por um perfeito sinônimo sem desmontar o poema. Naturalmente, existem diferenças fundamentais entre os significados da precisão na língua e na matemática, e os alunos devem ser conduzidos a apreciar a beleza presente tanto na exatidão dos cálculos quanto no rigor expressivo do texto poético, por exemplo.

Uma terceira razão para o tratamento da matemática como área específica é a possibilidade de essa opção facilitar a incorporação crítica dos inúmeros recursos tecnológicos atualmente existentes para a representação de dados e o tratamento das informações disponíveis, na busca da transformação de informação em conhecimento. De fato, se em vez do *Trivium* original, constituído pela *lógica*, pela *gramática* e pela *retórica*, decidíssemos propor um novo conjunto de três matérias básicas para a formação da cidadania, mais consentâneo com as características da sociedade contemporânea, certamente pareceria mais justo incluir como seus componentes a *língua, a matemática* e a *informática*. E ainda que os computadores, atualmente, sejam considerados instrumentos absolutamente imprescindíveis para jornalistas e escritores em geral, é no terreno da matemática que se abrem as mais naturais e promissoras possibilidades de assimilação consciente dos inúmeros recursos que as tecnologias informáticas podem oferecer no terreno da educação. Mesmo que as tecnologias estejam presentes e representem um papel importante em todas as áreas do conhecimento, a natureza algorítmica dos computadores aproxima-os especialmente dos conteúdos matemáticos. Se uma máquina, durante a Revolução Industrial do século XVIII, era essencialmente um transformador de energia de um tipo em energia de outro tipo, um computador é essencialmente um transformador de mensagens. E o processo de composição e decomposição das mensagens, para viabilizar sua inserção ou sua extração dos computadores, tem muitos elementos comuns com os objetos matemáticos e sua manipulação. Ao falarmos de *matemática e suas tecnologias* estamos utilizando a palavra "tecnologia", portanto em sentido mais próximo do literal do que no caso das extensões metafóricas associadas às linguagens, às ciências da natureza e às ciências humanas.

 Insistimos, no entanto, no fato de que a apresentação da matemática como uma área específica não busca uma amplificação de suas supostas peculiaridades, nem sua caracterização como um tema excessivamente especializado ou particularmente relevante. Vivemos em uma época na qual as atividades interdisciplinares e as abordagens transdisciplinares constituem recursos fundamentais para a construção do significado dos temas estudados, contribuindo de modo decisivo para a criação de centros de interesse nos alunos. Ao respeitar a rica história da disciplina e alçá-la a uma área do conhecimento, busca-se apenas criar as condições para uma exploração mais adequada das possibilidades de a matemática servir às outras áreas, na ingente tarefa de transformação da informação em conhecimento em sentido amplo, em todas as suas formas de manifestação.

Fragmentação: as ideias fundamentais como antídoto

Combate à fragmentação: busca do fundamental

Reiteramos, então, que um currículo tem a função de mapear os temas/conteúdos considerados relevantes, tendo em vista o tratamento e a articulação das informações disponíveis para a construção do conhecimento em sentido pleno, em suas diferentes vertentes. Cada disciplina que compõe um currículo tem um programa que estabelece os temas a serem estudados, delimitando seu território, ao mesmo tempo que oferece vias de integração com as demais, na busca do fim comum que é a formação adequada dos alunos. Em cada conteúdo, existem ideias fundamentais a serem exploradas; elas é que constituem a razão do estudo de cada uma das diversas disciplinas. É possível estudar muitos conteúdos sem uma atenção adequada às ideias fundamentais envolvidas, como também o é uma explicitação e uma valorização dessas ideias, mesmo tendo por base a exploração de alguns poucos conteúdos.

Nos programas escolares, a lista de temas a serem estudados costuma ser extensa e às vezes é artificialmente ampliada por meio de uma decomposição minuciosa em tópicos nem sempre suficientemente significativos. Já a lista de ideias fundamentais a serem necessariamente exploradas nunca é tão extensa, uma vez que justamente o fato de serem fundamentais conduz a uma reiteração e um reencontro de noções similares no estudo de uma grande diversidade de temas. É crucial, no entanto, em cada tema, em cada disciplina, identificar um elenco de ideias fundamentais, em torno das quais o programa e as atividades serão organizados.

Consideremos, por exemplo, a disciplina matemática. A ideia de proporcionalidade encontra-se presente tanto no raciocínio analógico, em comparações como "o Sol está para o dia assim como a Lua está para a noite", quanto no estudo das frações, em razões e proporções, no estudo da semelhança de figuras, nas grandezas diretamente proporcionais, no estudo das funções do primeiro grau, e assim por diante. Analogamente, a ideia de equivalência, ou de igualdade naquilo que vale, está presente nas classificações, nas sistematizações, na elaboração de sínteses, mas também quando se estudam as frações, as equações, as áreas ou volumes de figuras planas ou espaciais, entre muitos outros temas. A ideia de ordem, de organização sequencial, tem nos números naturais sua referência básica, mas pode ser generalizada quando pensamos em hierarquias segundo outros critérios, como a ordem alfabética, por exemplo. Também está associada, de maneira geral, a priorizações de diferentes tipos e à construção de algoritmos.

Outra ideia a ser bastante valorizada ao longo de todo o currículo de matemática é a de aproximação, a de realização de cálculos aproximados. Longe de ser o lugar por excelência da exatidão, da precisão absoluta, a matemática não sobrevive nos contextos práticos, nos cálculos do dia a dia sem uma compreensão mais nítida da importância das aproximações. Os números irracionais, por exemplo, somente existem na realidade concreta, sobretudo nos computadores, por meio de suas aproximações racionais. Algo semelhante ocorre na relação entre os aspectos lineares (que envolvem a ideia de proporcionalidade direta entre duas grandezas) e os aspectos não lineares da realidade: os fenômenos não lineares são comumente estudados de modo proveitoso por meio de suas aproximações lineares. Funções mais complexas do que as lineares, como as funções transcendentes (exponencial, logarítmica, senos, cossenos, tangentes etc.), são aproximadas, ordinariamente, nas aplicações práticas da engenharia, por exemplo, por funções polinomiais e mesmo por funções lineares, por meio do cálculo diferencial, e assim por diante. É importante destacar, no entanto, que, ao realizar aproximações, não estamos nos resignando a resultados inexatos, por limitações em nossos conhecimentos: um cálculo aproximado pode ser – e em geral o é – tão bom, tão digno de crédito quando um cálculo exato, desde que satisfaça a certas condições muito bem explicitadas nos procedimentos matemáticos. O critério decisivo é o seguinte: uma aproximação é ótima se, e somente se, temos permanentemente condições de melhorá-la, caso desejemos.

Proporcionalidade, equivalência, ordem, aproximação: eis aí alguns exemplos de ideias fundamentais da matemática a serem exploradas nos diversos conteúdos apresentados, tendo em vista minimizar a fragmentação disciplinar e propiciar o desenvolvimento de competências como a capacidade de expressão, de compreensão, de argumentação etc.

Ideias fundamentais: critério de reconhecimento

Naturalmente, o reconhecimento e a caracterização de um elenco de ideias fundamentais em cada disciplina são uma tarefa urgente e ingente, que constitui o verdadeiro antídoto para o excesso de fragmentação na apresentação dos conteúdos disciplinares. Não se trata aqui de fixar rigidamente a lista inexorável dessas ideias, mas sim de escolher uma lista, como se escolhe o elenco para representar uma peça teatral ou uma base para descrever um espaço vetorial. Certamente, algumas ideias fundamentais estarão presentes em quase todas as listas que organizarmos; outras se alternarão, dependendo do projeto a que servem. Entretanto, é preciso evitar a banalização do que se caracteriza como uma ideia fundamental, e para isso, um critério nítido, para balizar as escolhas, pode ser aqui formulado.

Três características notáveis estão presentes em cada ideia que faz jus ao qualificativo "fundamental".

Em primeiro lugar, qualquer ideia realmente fundamental pode ter seu significado e sua importância explicada apenas com o recurso à linguagem ordinária; se for necessário recorrer a tecnicidades excessivas para se fazer compreender uma ideia, ela pode ser importante, mas não é fundamental. A ideia de energia, por exemplo, é fundamental na física; ela pode ser apresentada como uma capacidade de produzir movimento, em suas várias formas de manifestação. Naturalmente, não se pretende que o conteúdo se esgote nessa apresentação intuitiva, mas é necessário que por aí se inicie.

Em segundo lugar, uma ideia fundamental nunca é um assunto isolado ou com raros vínculos com outros temas: justamente por se tratar de fundamentos, essas ideias estão presentes, quase sempre de modo bem visível, em múltiplos temas da disciplina, possibilitando, em decorrência desse fato, uma articulação natural entre eles, numa espécie de "interdisciplinaridade interna". A ideia de proporcionalidade, por exemplo, transita com desenvoltura entre a aritmética, a álgebra, a geometria, a trigonometria, as funções etc.

Em terceiro lugar, uma ideia realmente fundamental nunca se esgota nos limites da disciplina em que surge: sempre transborda esses limites, enraizando-se em outros territórios disciplinares e articulando entre si as diversas disciplinas. A ideia de energia, por exemplo, mesmo desempenhando um papel fundamental na física, transita com total pertinência pelos terrenos da química, da biologia, da geografia etc. Em razão disso, favorece naturalmente uma aproximação no tratamento dos temas das diversas disciplinas referidas.

Numa frase, ao situar o foco das atenções nas ideias fundamentais de cada disciplina, favorecemos uma tríplice articulação: entre a linguagem da ciência e a linguagem ordinária, entre diversos temas no interior de cada disciplina e entre os conteúdos das diversas disciplinas.

Ideias fundamentais: a constituição de um elenco

Enfrentar o permanente desafio com que se deparam os formuladores de currículos, ou de matrizes de conteúdos disciplinares a serem avaliados, requer o reconhecimento e o mapeamento de um elenco de ideias fundamentais em cada disciplina, tendo em vista a articulação de toda a diversidade de conteúdos. Reiteramos que não se pode pretender a determinação unívoca de uma lista fechada de ideias, mas a composição de uma lista está longe de ser um exercício de arbitrariedade. Três recomendações podem orientar essa tarefa.

Em primeiro lugar, é necessário compor um elenco – e não apenas um conjunto de ideias fundamentais. Em um elenco, de uma peça ou de uma equipe esportiva, não basta reunir certo número de participantes, é importante cuidar para que cada um represente bem o papel que lhe é determinado. Podem existir – e em geral ocorrem – zonas de interação ou de reiteração dos fins colimados, mas não devem ocorrer simples duplicidades na representação dos papéis. Constituir um elenco é como escolher os vetores da base para descrever um espaço vetorial: deve existir certa independência entre eles, bem como algum acordo sobre a dimensão desse espaço.

Em segundo lugar, é preciso cuidar para que esse elenco, como um mapa, represente a totalidade do território disciplinar a ser estudado. Um mapa não pode conter tudo o que está no território, mas também não pode deixar regiões desguarnecidas. Sua construção deve propiciar a referência a todos os pontos do território, ainda que em escala compatível com a abrangência do estudo e com o tempo disponível para a exploração. A competência na escolha de uma escala adequada no tratamento de um tema é uma das maiores qualidades de um bom professor. Além disso, é imprescindível que um mapa explicite relações valorativas entre os elementos envolvidos. Não é porque os assuntos encontram-se multiplamente relacionados que todos têm o mesmo valor: todo mapa é um mapa de relevâncias.

Em terceiro lugar, uma observação que pode ajudar na constituição de um elenco de ideias fundamentais é o fato de que elas frequentemente ocorrem constituindo pares complementares. Ainda que a vida, em suas diversas dimensões, não se deixe apreender perfeitamente por alternativas simples, binárias, do tipo verdadeiro/falso, bem/mal, herói/vilão, as polarizações constituem um recurso natural para a compreensão de qualquer tema. Não podemos parar nelas, mas é importante partir delas, enfrentar dilemas e ultrapassá-los, aportando em situações mais complexas, que envolvem bem mais do que a escolha simples entre duas alternativas.

No caso da matemática, por exemplo, equivalência e ordem são um par de ideias complementares, que é decisivo na construção dos números naturais. Outros pares parecem ser: medida e aproximação; proporcionalidade e interdependência; invariância (regularidade) e variação (taxas); demonstração e aleatoriedade; representação e problematização.

Algumas palavras já foram registradas anteriormente sobre as ideias matemáticas de equivalência, ordem, proporcionalidade e aproximação. Ainda que de modo igualmente sucinto, segue uma referência às demais ideias citadas.

Medida
Não parece necessário insistir demasiadamente no caráter fundador da ideia de medida em matemática. Ela se encontra na origem da própria ideia de número, constituindo um de seus dois pés, ao lado da contagem, e grande parte da geometria decorre dela. Grandezas, interdependências, funções, probabilidades, quase tudo pode ser associado à ideia de medida.

Interdependência
A sentença matemática mais típica é do tipo "se p, então q", que representa um germe de interdependência. A proporcionalidade, em si, é um padrão inicial de interdependência, a ser desenvolvido e generalizado. As funções e as correlações estatísticas podem se situar nesse terreno.

Invariância/variação
Desde muito cedo, a busca de regularidades, de padrões ou de invariâncias em múltiplos contextos constitui um foco das atenções da matemática. O estudo das formas de crescimento e de decrescimento, das "rapidezes" em geral – ou das taxas de variação – pode ser associado a esse par de ideias desde o estudo das funções mais elementares.

Demonstração/aleatoriedade
A ideia de demonstração situa-se no cerne do pensamento matemático. Teoremas são pequenas narrativas matemáticas, a serem apreciadas desde muito cedo, naturalmente aliviadas de preocupações excessivamente formais. A ideia de que nem tudo pode ser determinado causalmente, por meio de frases do tipo "se p, então, q", conduz ao conhecimento do aleatório, do que é "provável" ou do que pode ser "provado", mesmo de modo não determinístico, como no lançamento de um dado.

Representação
A geometria trata da percepção e da representação do espaço. Inicialmente, o espaço físico predomina; aos poucos, a arte e mesmo a rede informacional passam a constituir espaços igualmente representáveis,

associando a concretude do mundo real às idealizações de outros espaços. A álgebra também é um lugar das representações dos números, das operações e das interdependências.

Problematização
Um problema sempre traduz uma ou mais perguntas a serem respondidas, com base em uma situação-problema, no mundo real ou em algum espaço de representações. Como a linguagem matemática não comporta sentenças interrogativas, o modo de fazer perguntas em matemática é traduzi-las por meio de uma suposta afirmação que envolve incógnitas, ou seja, por meio de uma equação. Para ser resolvido, um problema precisa ser equacionado, ou seja, suas perguntas precisam ser traduzidas na forma de um sistema de equações.

Matemática: conteúdos e ideias fundamentais

A Tabela 1 representa um simples exercício de associação entre uma lista de conteúdos disciplinares a serem ensinados e um elenco de ideias fundamentais:

Tabela 1 – Ideias fundamentais e conteúdos disciplinares.

	Ideias fundamentais	Conteúdos disciplinares
1	equivalência	correspondências, classificações, números, conjuntos, cardinalidade, enumerabilidade, infinito, continuidade, a reta real, semelhança...
2	ordem	números, sequências, progressões aritméticas e geométricas, enumerabilidade, crescimento, decrescimento, dízimas periódicas, séries...
3	medida	grandezas discretas e contínuas, padrões, comprimentos, áreas, volumes, sistemas de unidades...
4	aproximação	estimativas, cálculo mental, números irracionais, médias, desvios, ordens de grandeza, notação científica...

continua

continuação

	Ideias fundamentais	Conteúdos disciplinares
5	proporcionalidade	frações, razões, proporções, grandezas proporcionais, semelhança, trigonometria, linearidade, funções do 1º e do 2º graus, mapas e escalas...
6	interdependência	funções, gráficos, variação, funções polinomiais, exponenciais e logarítmicas, composição de funções...
7	invariância	regularidades, sequências, classificações, geometria, poliedros, padrões, periodicidade...
8	variação	constância, variação, aproximação de variáveis por constantes, crescimento, decrescimento, taxas, tipos de crescimento e decrescimento, taxas das taxas...
9	demonstração	argumentação, lógica, dedução, premissas, conclusão, tautologias, paradoxos, teoremas...
10	aleatoriedade	contagem indireta, combinatória, determinismo, acaso, probabilidade, estatística, binômio de Newton, curva normal, média, desvio padrão...
11	representação	linguagem matemática, formas, construções, medidas, simetria, semelhança, posições relativas, mapas...
12	problematização	linguagem matemática, linguagem natural, equações, inequações, sistemas, modelagem, otimização...

Formação do professor de matemática: o que fazer?

Das concepções às ações: voar é preciso

Após um percurso em que se buscou ressaltar valores associados à ação docente sem perder o contato com o chão das práticas educacionais, em busca de uma síntese animadora, permitamo-nos alçar um breve voo, à guisa de uma conclusão.

Certamente as ideias alinhavadas a seguir não são consensuais entre os formadores de professores de matemática, e é possível que provoquem alguma polêmica. O fato de enunciá-las não representa uma exortação ao seu acolhimento acrítico, mas apenas a intenção de colocá-las em discussão entre os formadores de professores. Sem medo de ferir suscetibilidades ou tangenciar posições "politicamente incorretas", vamos à chuva.

Didática é importante, mas o conteúdo é fundamental

Para encantar os alunos com a matemática, o professor precisa ele mesmo estar encantado, o que frequentemente não ocorre. Considerações de natureza metodológica predominam nos cursos de formação, e aos conteúdos a serem ensinados não costuma ser dado suficiente destaque. Sobretudo na formação dos professores das séries iniciais, os currículos de pedagogia são organizados de forma que o conteúdo de matemática ocupa muito pouco espaço. Predomina uma formação genérica, com destaque para uma didática geral, relativamente independente dos conteúdos a serem ensinados. Nada parece mais caricato do que o professor de tudo ou o professor de nada: todo professor precisa de um chão disciplinar, tem de conhecer bem o que ensina. A língua materna, a matemática e a psicologia da criança são conteúdos fundamentais nesse nível de ensino. Longe de nós a ideia de que basta saber os conteúdos disciplinares para ser um bom professor. Sem conhecê-los, porém, não há como sê-lo. Falar o tempo todo de metodologias, de política educacional, de economia da educação etc., subestimando a importância da realidade da sala de aula, é um modo de esvaziar a formação do professor, alimentando caricaturas nem sempre tão inverossímeis. Não há risco de uma boa formação sem uma aprendizagem consistente dos conteúdos a serem ensinados, com a estruturação e a fundamentação adequadas.

Nos cursos de licenciatura em matemática, que visam à docência na segunda parte do ensino fundamental e ao ensino médio, o centro de gravidade do currículo deveria estar nos conteúdos de matemática. Para encantar os alunos, os licenciandos precisam de cultura profissional. Devem estudar toda a matemática possível, na escala adequada ao tempo disponível, e não apenas os conteúdos que deverão ser ensinados nos níveis fundamental e médio. Em um modelo de oito semestres de formação, quatro semestres deveriam ser dedicados a *ideias fundamentais* de disciplinas como cálculo, física, álgebra, álgebra linear, probabilidade, estatística, geometria, topologia, computação, história da ciência, etc. Outros dois semestres seriam enraizados em disciplinas da área de educação, como metodologia da matemática, didática da matemática, currículos de matemática, filosofia da ciência e da matemática, entre outras. Disciplinas com temas de matemática elementar examinados na perspectiva da matemática superior também têm muita importância para estabelecer pontes entre os conteúdos escolares e os programas das disciplinas acadêmicas. Os últimos dois semestres deveriam ser voltados inteiramente a atividades realizadas no "chão da fábrica", ou seja, em escolas básicas, sob a orientação de professores experientes, articulados com os docentes das universidades.

Um aspecto especialmente relevante na formação do professor de matemática é o estágio. Nada nos cursos de licenciatura parece menos eficaz do que a prática efetiva nas escolas. Esses cursos não poderiam prescindir de uma etapa final que seria algo como a antiga residência médica. Não há meias-palavras: em sua forma mais frequente, o estágio supervisionado é uma brincadeira de mau gosto. Mesmo com toda a seriedade da parte dos envolvidos, o estágio atual não cumpre as funções básicas a que se destina, em razão, sobretudo, da absoluta indisponibilidade dos alunos, uma vez que são raras as situações em que ele é inserido na grade horária dos licenciandos. Assim como nem todos os hospitais se prestam à residência médica, nem todas as escolas deveriam servir para a realização dos estágios. Seria desejável uma articulação estreita entre os professores do curso de licenciatura e os das escolas credenciadas para receber os licenciandos residentes. Os professores da educação básica deveriam ser remunerados pela supervisão/orientação dos estágios, não devendo ter esses encargos simplesmente incluídos em suas tarefas ordinárias.

A situação dos que visam ao ensino superior não é menos complexa. Os alunos que se destinam aos cursos de bacharelado, ou ao magistério no ensino superior, também precisariam de uma preparação para o ensino. Após os quatro semestres iniciais de formação, que deveriam ser idênticos para bacharéis e licenciados, um semestre deveria ser dedicado a disciplinas de conteúdos na área de educação. Nos três semestres seguintes, teriam cursos que constituiriam aprofundamentos na formação matemática inicial, estudando disciplinas como análise, geometria diferencial, teoria da medida etc., como uma preparação para o ingresso nos cursos de pós-graduação.

Algumas macroquestões

Formação continuada e em serviço – Como já se enfatizou no início deste percurso, existe, atualmente, um razoável consenso relativamente ao fato de que a formação sempre se completa no exercício efetivo de atividades profissionais e tem as características de uma formação continuada. Um retorno periódico aos bancos escolares é uma condição de possibilidade de uma atuação bem-sucedida no universo do trabalho. Assim, toda formação profissional é apenas uma formação inicial, devendo deixar abertas portas nítidas para retornos após períodos como dois ou três anos de efetivo exercício profissional. No caso específico do professor, a necessidade de uma formação permanente sempre foi nítida: quem acha que nada mais tem a aprender é porque certamente perdeu a capacidade de ensinar. Os currículos dos cursos de formação de professores ainda não incorporaram devidamente essa ideia.

Integração entre os níveis de docência – A identidade dos cursos de formação de professores passa necessariamente por uma integração muito maior entre as carreiras dos professores da educação básica e do ensino superior. Ser professor é o fundamental; o nível de ensino em que se atua é a circunstância. A classificação dos professores não pode ser confundida com a de queimaduras, que são ordenadas por grau, sendo tanto mais sérias quanto maior o grau. Uma via de mão dupla deveria ser construída para o trânsito de docentes de um nível para outro. Se um professor da rede pública, por exemplo, faz um mestrado ou um doutorado em uma universidade pública, ele deveria ter mecanismos legais para voltar à sua sala de aula recebendo o salário de mestre ou doutor da universidade. Simetricamente, um professor da universidade deveria ter meios legais para lecionar regularmente em uma escola pública durante certo período – um ou dois anos – sem nenhum prejuízo de seus vencimentos ou de sua carreira acadêmica. Simbolicamente, essas possibilidades são muito fortes e poderiam ser decisivas para a real valorização da atividade do professor e dos cursos de formação de professores.

Currículo nacional e ideias fundamentais – Em países com dimensões continentais, como o Brasil, a fragmentação curricular a que nos referimos desde o início tem seus efeitos potencializados em decorrência da inexistência, até hoje, de uma base curricular nacional, para articular os sistemas de ensino em seus diferentes níveis. Os diversos mosaicos disciplinares locais não contribuem para compor um quadro de referência para balizar os resultados das avaliações que são regularmente realizadas em todos os estados.

Quando se discute a construção de uma base curricular nacional, algumas questões são recorrentes. Argumentar contra uma padronização excessiva, que subestime a diversidade e a riqueza das culturas locais, parece simples, assim como também o é defender a importância da unidade nacional com base em um projeto educacional único. Como equilibrar o respeito pelas diferenças regionais com a necessidade patente de construir um projeto unitário de país, que é absolutamente tributário da garantia de uma educação básica de qualidade para todos?

Uma resposta simples a essa questão tem sido a perspectiva da fixação de uma porcentagem expressiva da carga disciplinar para conteúdos comuns a todos os sistemas, complementando-a com conteúdos característicos de cada região do país. Por razoável que pareça, uma distinção como essa pode até mesmo acentuar a fragmentação disciplinar, favorecendo, além disso, a instalação de certa esquizofrenia curricular: a disputa de espaços entre o nacional e o regional não pode conduzir a bom termo.

Outra perspectiva, mais promissora, pode ser o reconhecimento de que a padronização nacional dos conteúdos curriculares diz respeito a uma busca de isonomia quanto aos fins educacionais almejados; as estratégias didáticas, os meios e os recursos para o tratamento dos temas podem ser – e é desejável que o sejam – marcadamente diversificados, respeitando-se as características regionais. Uma educação básica de qualidade, que é condição de possibilidade de uma organização social democrática, não pode subestimar nem superestimar as expectativas de formação, em razão da diversidade de circunstâncias materiais ou de características culturais.

Resumindo e reiterando de modo incisivo: no que se refere às ideias fundamentais de cada disciplina, os currículos devem ser essencialmente idênticos, do Oiapoque ao Chuí; no que tange às formas de apresentação escolhidas para o desenvolvimento dessas ideias, as formas de organização, os caminhos e as metodologias devem ser locais, consentâneos com a realidade em que os alunos se inserem.

O círculo vicioso formação/condição de trabalho

Para concluir, retornemos ao início: os problemas com o ensino de matemática decorrem menos de deficiências tópicas no ensino de conteúdos específicos, resultando essencialmente de um desencantamento com a disciplina. Uma correção de rumos pressupõe um professor de matemática bem formado, mas não há consenso sobre o que isso significa. As questões até aqui arroladas constituem uma tentativa de alimentar o debate sobre essa formação. Em meio a eventuais polêmicas, uma convicção nos anima: o reencantamento do ensino da matemática pressupõe um professor bem formado, ele mesmo encantado com seu tema e sua profissão. Criar as condições para que isso aconteça é tarefa ingente e urgente, digna de um mutirão de todos os envolvidos com a questão, nos diversos níveis de ensino, e entre todos os atores participantes do processo educacional, sejam públicos sejam privados. Um inimigo a ser enfrentado é o rompimento do *círculo vicioso má formação/má remuneração*.

Quando se discute a formação de professores, é comum a emergência desse círculo: o professor é mal remunerado porque não é bem capacitado, e é mal capacitado porque não é bem remunerado. Na verdade, a despeito de pisos salariais recém-conquistados, as condições de trabalho do professor da educação básica são precárias, para dizer o mínimo. Mantidas essas condições, quanto mais bem formado é o professor, quanto mais se capacita, mais ele se afasta do ensino básico, em busca de melhores circunstâncias, nas universidades ou nas escolas privadas. Para romper esse círculo, é fundamental melhorar significativamente as condições de trabalho do professor da escola básica, o que passa pela melhoria salarial, mas não se esgota nela. O trabalho do professor não pode se resumir a dar aulas: a vivência na escola, a convivência com os alunos são elementos fundamentais na tarefa docente. A escola precisa alimentar espaços maiores e menores do que o espaço da aula, que é, sem dúvida, o mais importante, mas que não pode ser o único lugar de trabalho do professor. Exemplos de espaços maiores do que o da aula são o trabalho com projetos, estudos do meio, viagens exploratórias, eventos culturais ou artísticos organizados com a participação dos alunos. São espaços criadores de interesses. A aula é um espaço ótimo para alunos interessados no tema a ser estudado, mas esse interesse não é sempre natural, precisa ser motivado. E exemplos de espaços menores do que o da aula são as atividades de tutoria, de orientação, de conversa um a um. A criação de interesses não pode ser acrítica, precisa de depuração; os espaços de relações pessoais são imprescindíveis nessa tarefa.

Um lembrete decisivo: é preciso ter paciência para esperar os inexoráveis resultados da melhoria nas condições de trabalho. Muitos docentes qualificados afastaram-se progressivamente das salas de aula, ao longo de várias décadas, numa busca legítima de melhores condições de remuneração e reconhecimento em outras atividades; uma nova situação profissional certamente atrairia grande parte deles de volta.

4

Ensino de ciências e formação de professores

Sílvia Luzia Frateschi Trivelato

Quando escrevemos a primeira edição deste capítulo, tomamos como referência a preparação e a realização de um curso oferecido para professores do ciclo fundamental II da rede municipal de São Paulo, ocorrido em 2000. O texto destacava especialmente a importância do trabalho coletivo na concepção e na preparação das atividades planejadas, assim como da articulação entre os conteúdos selecionados e o tratamento metodológico a eles dispensado.

Quando o curso foi realizado, há mais de quinze anos, algumas questões que hoje são destaques nas publicações da área de ensino de ciências ainda não estavam tão claramente em evidência, embora já se manifestassem, de certa forma, nas escolhas e nas ações que foram relatadas na primeira edição.

Nesta revisão, mantivemos algumas referências àquele curso e às atividades que desenvolvemos ao longo de sua realização. Introduzimos também a discussão de alguns temas da área de ensino de ciências, que nos ajudam a subsidiar e justificar escolhas e encaminhamentos tomados naquela época.

É preciso considerar que as diferentes ações de formação de professores de ciências envolvem a ressignificação de conteúdos em vários campos, uma vez que são trabalhados conhecimentos relacionados às ciências da natureza, como também aqueles constitutivos da didática das ciências.

Nas situações de formação continuada existe a expectativa de que se apresentem sugestões de modelos, roteiros ou atividades que possam ser adaptados e aplicados em sala de aula com os alunos do ensino fundamental e do ensino médio. Ao mesmo tempo, quando cursos de formação se concentram na apresentação dessas sugestões, têm poucas chances de resultar em aproveitamento efetivo, uma vez que essas "receitas" dificilmente são adequadas à enorme diversidade das situações de sala de aula e à complexidade que caracteriza cada uma delas. O conflito de objetivos ganha outras dimensões quando se consideram como propósitos da formação continuada a construção e a reconstrução dos conhecimentos dos professores.

O desafio a ser enfrentado na concepção de ações de formação de professores é selecionar atividades que atendam simultaneamente aos objetivos de aprofundamento, ressignificação de conteúdos e ampliação de repertório metodológico. Atividades que não se baseiam no modelo de transmissão-recepção de conteúdos podem levar a uma compreensão ampliada das questões conceituais envolvidas, conferindo ao professor uma postura mais autônoma em relação a seleção e organização de conteúdos e às escolhas metodológicas.

Tomamos uma experiência de formação de professores como material de análise[1] e incluímos outras descrições, comentários e reflexões para ilustrar nossas ideias.

Organizamos o texto com base em três pressupostos, que procuraremos discutir e exemplificar nas seções seguintes.

---

1. Módulo de Ciências do Projeto de Formação em Serviço de Professores do II Ciclo do Ensino Fundamental, realizado em 2000, como parte da cooperação técnica entre a Faculdade de Educação da Universidade de São Paulo e a Secretaria Municipal de Educação de São Paulo.

O conhecimento científico já não é o mesmo

O que é ensinar ciências é uma ideia que tem se transformado significativamente ao longo do tempo, em especial a partir de meados do século XX. Talvez a alteração mais fácil de perceber seja a que diz respeito ao conjunto de conteúdos que deve integrar a disciplina, ou seja, os próprios conhecimentos científicos. Há muito mais conteúdos a serem considerados, mas, principalmente, há novos conhecimentos e explicações, diferentes dos anteriores. Não apenas os cursos de formação, mas a divulgação do conhecimento em diferentes veículos e mídias evidenciam que a ciência se transforma, desencadeando transformações que chegam até o ensino das disciplinas escolares.

Se os conhecimentos produzidos pela ciência – e portanto os conteúdos das disciplinas escolares – podem ser as transformações mais facilmente identificáveis no que constitui o ensino de ciências, certamente não são as únicas.

O desenvolvimento da ciência a partir do século XVII é tributário de práticas como a experimentação e a observação, o teste de hipóteses, o controle de variáveis, a precisão de medidas e a modelagem matemática. Essas práticas se estabeleceram com base na convicção de que o conhecimento está na realidade, nos fenômenos naturais e pode ser descoberto por indução. A coleta, o registro e a organização de dados levam ao estabelecimento de regularidades, teorias e leis.

Essa convicção, de que por meio de procedimentos científicos pode-se descobrir como a natureza é, tem como consequência a suposição da estabilidade dos conhecimentos. Essa suposição, ou concepção, contamina os currículos escolares – a ciência se apresenta como conhecimento verdadeiro e imutável.

Se nos detemos a analisar o desenvolvimento histórico do conhecimento de um ou outro tópico, reconhecemos as sucessivas reformulações e alterações das explicações que são construídas, contradizendo a suposição de imutabilidade do conhecimento científico.

Assumimos de saída que a ciência está em constante processo de reformulação, que os conhecimentos produzidos e as explicações construídas se transformam; em outras palavras, que o conhecimento científico é provisório.

Com a intenção de promover uma discussão em que se manifestassem e se refletissem as visões e as concepções de ciência, propusemos uma atividade na forma de uma simulação, como uma das primeiras atividades do curso de formação continuada oferecido aos professores de ciências.

A atividade "O detetive" tem um componente lúdico, pois convida os participantes a representarem papéis numa situação fictícia. Num local reservado, monta-se o "cenário" onde teria ocorrido uma morte. Objetos pessoais, instrumentos de trabalho, anotações, agendas, bilhetes etc. são arranjados a fim de caracterizar a "cena do crime" e, no chão, marcas indicam o contorno de um corpo caído e uma mancha de "sangue". Não há a indicação clara e inequívoca de qual tenha sido o acontecimento causador da "morte" ocorrida, mas monta-se um conjunto de indícios que podem sugerir interpretações plausíveis.

O cenário é montado num espaço fora da sala de aula, e os participantes formam grupos que visitam a "cena do crime". Cada grupo pode observar o local por apenas um minuto, sem tocar em nenhum dos objetos ali presentes. Em seguida, já na sala de aula, os vários integrantes do grupo trocam suas observações e suas impressões e elaboram uma interpretação para o fato ocorrido, tentando encontrar respostas para as perguntas: a) Quem morreu?; b) Como morreu?; c) Qual o motivo da morte?

Na sequência, os diferentes grupos apresentam para os demais colegas suas versões dos acontecimentos que levaram à morte ocorrida, justificando sua interpretação com as evidências encontradas.

Com surpreendente regularidade, temos encontrado em todas as turmas diversidade entre as versões que incluem suicídio e assassinato e que divergem quanto à causa (envenenamento, tiro, facada etc.) ou à motivação (crime passional, espionagem ou roubo intelectual etc.).

Quadro 1 – Possibilidade de comparação entre procedimentos empregados pelos participantes e o que é feito na produção do conhecimento científico.

O que os participantes fazem durante a atividade		O que é feito na produção do conhecimento científico
Observações do local, dos objetos e busca de indícios sobre o que teria ocorrido.		Processos de investigação científica, como observação criteriosa de fenômenos, investigações experimentais etc.
Elaboração de versões para a morte, baseadas nas observações feitas.		Interpretações que os cientistas dão para os resultados experimentais que obtêm.
Atuação cooperativa no grupo durante as observações e as discussões.		Organização de grupos de pesquisa que trabalham cooperativamente na resolução de um problema científico.
Explicações apresentadas por um grupo interferem e, algumas vezes, modificam a interpretação feita por outros, acrescentando informações, contestando suposições ou propondo novos pontos de vista.	Pode ser comparado	O papel dos veículos e dos mecanismos de publicação e divulgação de trabalhos científicos e o caráter coletivo da produção e da validação da ciência.
Por vezes, a convicção na explicação elaborada é tão forte que faz o grupo desprezar ou até ignorar outros dados observados ou argumentos contrários apresentados por outros grupos.		A influência dos paradigmas vigentes nas possibilidades de interpretação dos dados observados, questionamento ou proposição de novos problemas.
Durante as discussões, algumas vezes se percebe a limitação dos dados disponíveis e a necessidade de buscar outras informações ou realizar novas observações.		A importância da pesquisa bibliográfica e das novas investigações que se originam no desenvolvimento da investigação científica.
Durante a interpretação das observações, percebem-se limitações impostas pela escassez dos dados disponíveis na "cena do crime", pelo pouco tempo disponível para a observação e pela impossibilidade de tocar nos objetos.		As limitações que os cientistas enfrentam na busca de dados, relacionadas a dificuldades metodológicas, tecnológicas ou mesmo paradigmáticas.

A partir de então, encaminha-se uma discussão estabelecendo analogias entre os procedimentos adotados e as explicações encontradas pelos participantes e os procedimentos empregados na produção do conhecimento científico. Dependendo do que tenha ocorrido em cada turma, essa analogia pode ser mais ou menos extensa, mas, de modo geral, é possível fazer muitas comparações. O Quadro 1, da página anterior, resume algumas das possibilidades mais frequentes.

Terminada a simulação, recomenda-se a leitura de textos sobre a natureza do trabalho científico e sobre diferentes visões e concepções de ciência (BORGES, 1996).

A influência das concepções socioculturais

Voltamos à questão do que é ensinar ciências e nos detemos agora no entendimento da aprendizagem. A ideia de que o indivíduo constrói seu conhecimento com base nas interações que estabelece com os objetos e os fenômenos foi um passo importante e representou uma ruptura com os modelos baseados na transmissão–recepção. Contudo, outra visão também baseada na construção de conhecimentos, entende o processo como a introdução do aprendiz numa comunidade cultural e destaca o caráter social da construção do conhecimento.

Mais recentemente, o ensino de ciências passou a ecoar outra mudança de concepção – a natureza simbólica do conhecimento. As construções teóricas da ciência são produtos de elaboração e criação humana e não provêm exclusivamente da observação. Os conhecimentos científicos não são os fenômenos naturais propriamente ditos; são construções desenvolvidas pela ciência que nos permitem interpretar a natureza. Mesmo em domínios relativamente simples, os conceitos não são revelados de maneira óbvia; são elaborações impostas aos fenômenos para explicá-los (DRIVER et al., 1999, p. 32).

O conhecimento científico é repleto de símbolos, representações, conceitos organizadores e entidades que não têm, necessariamente, reconhecimento fora do âmbito da ciência; esse conhecimento é construído por um grupo, que também o valida e o comunica. Há uma cultura e instituições sociais que produzem e tornam público o conhecimento científico. Aprender ciência implica ser iniciado nessa cultura (DRIVER et al., 1999).

Reconhecer essas características tem como consequência reconhecer que um aprendiz não terá como descobrir todo esse conjunto de conhecimentos socialmente produzidos e socialmente validados, com base nas interações individuais com objetos do mundo físico, com fenômenos da natureza. Essas construções teóricas, acompanhadas de suas representações simbólicas, precisam ser negociadas com o aprendiz; nesse sentido, a figura do professor se torna fundamental. Mais do que aquele que promove oportunidades para que os alunos gerem significados sobre o mundo natural, o professor tem o papel de mediador entre o aprendiz e os conhecimentos científicos.

Nessa perspectiva, a aprendizagem é entendida como a introdução em um mundo simbólico, que não pode ser acessado com base na observação do mundo físico. É como se iniciados introduzissem aspirantes numa nova cultura, num sistema particular de regras, crenças e valores, numa forma de ver e entender o mundo. Esse é um processo dialógico e tem como propósito que o aprendiz se aproprie das condições que lhe permitirão agir sobre o mundo, compreendê-lo e transformá-lo.

No caso do ensino de ciências, pressupõe o acesso do aprendiz aos sistemas de produção de conhecimento, aos conceitos e aos modelos explicativos que vão além da investigação empírica. Para isso, a atuação do professor é fundamental, pois é com sua mediação que poderão ser compartilhados os modelos e as convenções próprias da ciência. É a mediação do professor que permitirá ao aluno o acesso a um conjunto de conceitos e representações, pertencentes ao mundo simbólico, que não emergem do mundo empírico.

Com essa compreensão, a aprendizagem de ciências ganha um significado diferenciado: não se restringe à ampliação de conhecimentos sobre a natureza; também não pode ser confundida com desafios intelectuais provocados por situações empíricas. A perspectiva social nos leva a entender a aprendizagem de ciências como a introdução de estudantes às práticas da comunidade científica. Isso inclui tanto os processos de atribuição de significados, como aqueles que resultam no compartilhamento de símbolos, modelos explicativos, conceitos e convenções próprias dessa comunidade.

Encontramos na literatura termos como *alfabetização científica*, *letramento científico* e *enculturação científica* que, embora possam indicar enfoques particulares, têm em comum o propósito de designar o ensino de ciências voltado para a formação cidadã dos estudantes, o que inclui o uso e o domínio dos conhecimentos científicos e seus desdobramentos nas diferentes esferas da vida (SASSERON, 2010, p. 14).

Os conhecimentos científicos englobam não apenas os conceitos formalizados, mas também suas práticas, suas regras, sua linguagem. Isso porque a ciência pode ser reconhecida como uma forma de cultura com os próprios valores, linguagens, práticas, percepções, teorias e crenças. Particularidades materiais, sociais, linguísticas e práticas passam a ser compreendidas como elementos da "cultura científica" (ROTH; LAWLESS, 2002).

Incorporar como objetivo do ensino de ciências retratar o conhecimento científico como socialmente construído requer dar mais atenção às práticas discursivas, principalmente à argumentação (DRIVER et al. 2000). A linguagem argumentativa se estabelece em inúmeros momentos da produção científica. Baseando-se em argumentos, os cientistas caminham da observação dos dados empíricos à experimentação na produção de hipóteses e, após essa fase, argumentam segundo os resultados obtidos para chegar a determinada conclusão.

No contexto do ensino de ciências, a argumentação confronta o conhecimento científico com as evidências, que podem confirmá-lo ou não. Esse movimento de avaliação do conhecimento se expressa nos componentes dos argumentos – com base em um dado (D), constrói-se uma conclusão (C); esses dois elementos se relacionam com base em uma garantia (W)[2], que está apoiada em conhecimentos básicos (B). A garantia é a informação com base na qual argumentamos e sua validade está fundamentada em fatos, observações, experimentos, leis e conhecimentos (SCARPA e TRIVELATO, 2013). O argumento pode ainda contar com moduladores (sempre, provavelmente, certamente) que indicam o grau de certeza ou

---

2. A sigla W é da palavra em inglês, *warrant*.

```
        Dado que...         assim...
           D ─────────┬────────► Q, C
                      │
                  uma vez que
                      W
                      │
                  por causa de
                      B
```

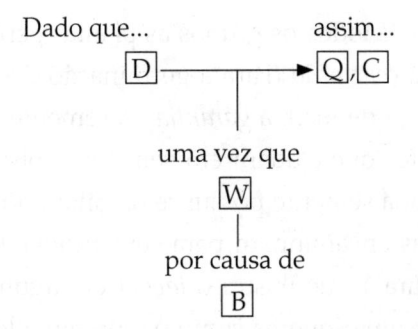

Figura 1 – O *layout* do argumento, segundo Toulmin (2006), evidencia os elementos que compõem uma afirmação (SILVA; CHERNICHARO; TRIVELATO, 2009).

validade (Q), além de refutadores, que explicitam as condições de restrição de validade (R) (TOULMIN, 2006).

Essa forma de composição de afirmações (argumentos) tem servido como um instrumento de análise em pesquisas que procuram identificar a aproximação do ensino com as práticas da ciência.

Um exemplo, extraído da dissertação de Tonidandel (2008), pode esclarecer e ajudar a reconhecer os componentes do argumento. Em seu trabalho de mestrado, Tonidandel acompanhou aulas de biologia em uma escola de ensino médio, em que os alunos desenvolveram um projeto de investigação sobre germinação de sementes. No final, os alunos elaboraram relatórios, que foram analisados pela pesquisadora com o propósito de identificar a presença de argumentos e suas características. Nos relatórios analisados, Tonidandel encontrou trechos como o que está exemplificado a seguir:

> Como vimos, em quase todos os grupos as plantas germinaram, mesmo ficando no escuro. Para a germinação dos vegetais não é preciso que haja presença de luz. A semente plantada, como o feijão, possui nutrientes que ajudam em seu desenvolvimento. Os nutrientes que cada semente possui se originam do processo da fotossíntese, que as plantas encaminham para seus frutos.

Ao separar os componentes do argumento, de acordo com o *layout* descrito na Figura 1, a pesquisadora identificou os trechos que correspondem ao *dado* (Como vimos, em quase todos os grupos as plantas germinaram, mesmo ficando no escuro.), à *conclusão* (Para a germinação dos vegetais não é preciso que haja presença de luz.), à *garantia* (A semente plantada, como o feijão, possui nutrientes que ajudam em seu desenvolvimento) e ao *apoio* (Os nutrientes que cada semente possui se originam do processo da fotossíntese, que as plantas encaminham para seus frutos). Usando a mesma representação da Figura 1 que ilustra o *layout* do argumento, de acordo com Toulmin, teríamos um esquema como o representado a seguir pela Figura 2:

Dado que...   assim...

D
Como vimos, em quase todos os grupos as plantas germinaram, mesmo ficando no escuro.

C
Para a germinação dos vegetais não é preciso que haja presença de luz.

uma vez que...

W
A semente plantada, como o feijão, possui nutrientes que ajudam em seu desenvolvimento.

por causa de

B
Os nutrientes que cada semente possui se originam do processo da fotossíntese, que as plantas encaminham para seus frutos.

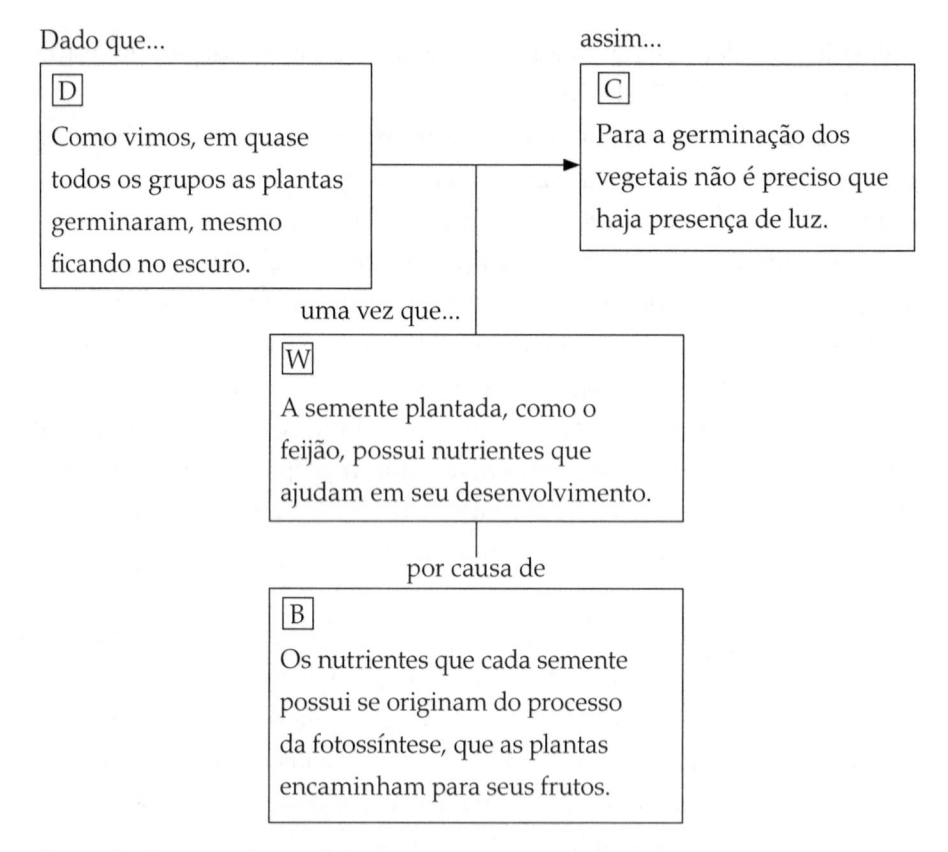

Figura 2 – Esquema do argumento.

Nesse caso, o estudante não empregou, em seu argumento, expressões que modulassem a força de sua conclusão, como por exemplo "de modo geral", "sempre", "em alguns casos"; isto é, não usou qualificadores (Q). Também não usou expressões para indicar situações ou condições em que sua conclusão deixa de ser válida, como, por exemplo, "a menos que seja diferente em outras espécies que não foram testadas"; expressões com finalidade equivalente são os chamados refutadores (R).

Mesmo sem empregar qualificadores e refutadores, o argumento destacado se apresenta coerente e defende uma conclusão sustentada por dados que foram obtidos durante o desenvolvimento da investigação experimental e por conhecimentos básicos sobre nutrição vegetal.

A necessidade de luz pelos vegetais é um conhecimento de senso comum que estava orientando muitos dos projetos dos alunos; os experimentos foram montados para "verificar" a importância da luz, e sementes foram postas para germinar em ambientes iluminados para serem comparadas com outras mantidas em ambientes escuros. A hipótese que orientava esse desenho experimental era que, no escuro, as sementes não germinariam. Lendo o argumento formulado, vemos que o aluno foi capaz de defender uma conclusão diferente, que se contrapõe à hipótese inicial, combinando o dado obtido experimentalmente e os conhecimentos que foram construídos durante as aulas, com a mediação do professor. Esses conhecimentos são o fundamento, no campo conceitual, que permite ao aluno afirmar sua conclusão, tomando o dado como ponto de partida.

Não é difícil perceber o aproveitamento desse aluno do ponto de vista conceitual. Em poucas frases, ele sistematiza conteúdos importantes como o reconhecimento das sementes como estruturas de reserva que acumulam produtos da fotossíntese; a compreensão do sentido dessa "reserva" como uma fonte de nutrientes para o desenvolvimento do embrião que se desenvolve da semente; a compreensão dessa estrutura (semente) como uma adaptação que permite a independência da luz para a germinação.

Entretanto, trazemos esse exemplo para destacar outro tipo de aprendizagem e outro tipo de conteúdo: a prática da elaboração de argumentos, como uma das práticas próprias da ciência.

É certo que o argumento não ocorre exclusivamente na ciência, mas na ciência os argumentos são muito frequentes. Quando um cientista apresenta um conhecimento novo, quando submete um trabalho a um congresso, um artigo a um periódico, estrutura seu texto de forma que apresente, no conjunto, os dados nos quais ele baseia os conhecimentos básicos que está considerando, sua conclusão, ou seja, a afirmação que está querendo defender, as condições que limitam e modulam a validade dessa conclusão. Isso traduz uma forma muito comum de pensar e produzir conhecimento na ciência; pautamo-nos em conhecimentos já sistematizados que tomamos como referencial teórico, que nos dirigem o olhar, que nos ajudam a formular as questões de investigação, os desenhos experimentais, as categorias de análise. Mergulhados nesse conhecimento de referência, tomamos os dados que serão considerados e os tratamos, quantificamos quando é o caso, categorizamos, analisamos, até alcançar a afirmação que vamos levar aos pares e defender, munidos dos elementos componentes do argumento que construímos.

Quando o aluno aprende a elaborar argumentos, sustentados em conhecimentos sistematizados pela ciência, construídos com base em dados que se constituam como evidências, ele se apropria de uma das práticas próprias da ciência.

Caamaño (2010) escreve sobre o valor da argumentação na aprendizagem de ciências:

> A argumentação científica, ou seja, a justificativa de afirmações, segundo evidências e baseada em conhecimento, é um aspecto crucial da ciência. É por meio da argumentação que a ciência avança. Ao longo da história, os cientistas tiveram de reconsiderar teorias, modelos e explicações à luz de novas evidências que foram surgindo. Muitas teorias científicas constituem excelentes exemplos de literatura científica argumentativa. O próprio Charles Darwin se referiu a seu livro *A origem das espécies* como "um prolongado argumento". Quando focalizamos a função dos trabalhos que são desenvolvidos nas aulas práticas, observamos que boa parte das atividades práticas é realizada de forma comprobatória, quando na realidade sua função deveria ser fundamentalmente a de proporcionar evidências

experimentais para as hipóteses levantadas durante a resolução de problemas teóricos ou práticos, para encontrar explicações para os fenômenos em estudo. Mas as evidências não falam por si; é por meio da argumentação que ganham significado na compreensão ou na justificativa de determinadas teorias ou explicações. Desse ponto de vista, a argumentação é um processo fundamental para compreender os conceitos e teorias e para entender a natureza da ciência, convertendo-se assim numa potente estratégia para o ensino e a aprendizagem de ciências (CAAMAÑO, 2010, tradução nossa).

Nesse trecho, o autor destaca a importância da realização de aulas práticas, que tenham como função produzir evidências que possam ser contrastadas com as hipóteses dos alunos. Desse modo, é importante assinalar que, para ter essa finalidade, as atividades práticas precisam se constituir como investigações, envolvendo os alunos não apenas na tomada de dados ou na manipulação de materiais, mas em todo o plano da investigação, de maneira que cada procedimento, etapa ou ensaio tenha significado perante suas hipóteses e seus modelos explicativos.

Também é importante assinalar que as atividades práticas não são as únicas formas de garantir que os alunos construam argumentos; dados ou evidências que se constituem como componentes da argumentação podem ser tomados de outras fontes como, por exemplo, dados fornecidos pelo professor, ou obtidos de consulta a textos de referência, ou ainda de relatos de outras investigações experimentais.

As perguntas e as atividades de investigação

Sustentamos a ideia de que todo conhecimento é resposta a uma pergunta (BACHELARD, 1996), isto é, acreditamos que não há produção intelectual se não houver envolvimento genuíno na busca de solução para um problema, de resposta para uma questão de interesse. É quando nos engajamos efetivamente na resolução de uma questão que aparecem as oportunidades de construção e compartilhamento de conhecimentos.

A questão da pergunta embute certa complexidade. Uma boa pergunta, isto é, aquela que é capaz de desencadear um conjunto de ações que resultem em novos conhecimentos, não surge espontaneamente. As boas perguntas têm, em si mesmas, os germes de novas explicações, de conceitos que ainda não estão formulados ou de modelos ainda não disponíveis.

São questões desse tipo que se constituem como mobilizadoras de sequências didáticas baseadas em investigação. Encontramos na literatura diferentes formas de categorizar atividades e sequências didáticas investigativas de acordo com o envolvimento e a autonomia do aluno nas várias etapas de sua realização. Um dos exemplos é a categorização de Banchi e Bell (2008), que vai desde atividades de confirmação de princípios já conhecidos até investigações abertas. Nas primeiras categorias, a participação do aluno é mais restrita e vai aumentando até o último estágio, no qual ele assume não apenas a condução dos processos que levam à obtenção dos dados, mas também o planejamento dos procedimentos necessários e até mesmo o problema que preside a investigação.

Pode-se achar que o desejável é que as situações de ensino privilegiem atividades dos estágios mais elevados, nos quais é maior a participação do aluno na condução da investigação. Nesse ponto, é importante fazer algumas considerações e refletir sobre os propósitos do ensino de ciências nos currículos escolares.

Atividades em que os alunos são responsáveis por diferentes etapas da investigação merecem, sem dúvida, presença nos planejamentos de ensino, especialmente quando consideramos os objetivos relacionados à aproximação com as práticas científicas (TRIVELATO; TONIDANDEL, 2015). Quando se fala em alfabetização científica (SASSERON, 2010), considera-se como um dos eixos fundamentais a compreensão da produção do conhecimento na ciência[3]. Para alcançar essa finalidade, as investigações em que os

---

3. Sasseron e Carvalho (2008), numa revisão sobre o tema, organizam três eixos estruturantes da alfabetização científica: a) compreensão básica de termos, conhecimentos e conceitos fundamentais; b) compreensão da natureza da ciência e dos fatores éticos e políticos que circundam sua prática; c) entendimento das relações entre ciência, tecnologia, sociedade e meio ambiente.

alunos sugerem até as perguntas expressam o envolvimento máximo com as atividades mais diretamente relacionadas com os modos como a ciência trabalha para produzir conhecimentos. Realizar procedimentos investigativos e experimentais, praticar diferentes modos de coletar, registrar e tratar dados, sugerir formas peculiares de desenho para atividades experimentais, formular hipóteses que orientam investigações são diferentes ações que representam aproximações com as práticas da ciência. Essas ações se articulam com a questão de investigação, que não está desvinculada dos conceitos que lhe dão origem. Por essa razão, dizemos que a proposição de questões de investigação não é simples; talvez por isso atividades desse tipo não sejam muito frequentes no ensino de ciências, especialmente em tópicos relacionados aos conteúdos conceituais curriculares.

Noutra escala, encontramos atividades em que o professor desempenha um protagonismo maior. Cabe ao professor propor a questão de investigação e, algumas vezes, também indicar os procedimentos a serem seguidos; aos alunos cabem a realização dos procedimentos e a tomada dos dados. Encontramos exemplos desse modelo de atividade descritos em trabalhos acadêmicos (CARVALHO et al., 1998; SCARPA; SILVA, 2013; CARMO; CARVALHO, 2009) que nos permitem analisar o papel do professor.

Ao propor a questão de investigação, o professor, muitas vezes, já contextualiza o problema, de modo que não apenas dá significado para os conceitos que serão trabalhados, mas também indica algumas condições ou características relacionadas ao desenvolvimento do problema. Por exemplo, numa atividade sobre flutuação dos corpos (ABIB, 1983), a proposição inicial é: *Como navios enormes conseguem ficar à tona d'água e um minúsculo grão de areia vai para o fundo?* Com essa questão, o professor sugere aos alunos que reflitam sobre situações e objetos que fazem parte do referencial comum. Mesmo que os alunos não conheçam empiricamente os objetos mencionados, as situações referidas não lhes são estranhas, pois fazem parte de um repertório que eles já devem ter construído ao ver imagens e filmes, ler livros, ouvir histórias etc.

Além dessa contextualização, a pergunta delimita parte do que se espera que os alunos considerem para responder. A comparação sugerida pela questão é entre dois objetos de tamanhos muito diferentes; essa diferença é ainda mais acentuada com o uso dos adjetivos (enorme e minúsculo). Ao convidar os alunos a pensarem no comportamento de um navio enorme e de um minúsculo grão de areia, o professor, de certa forma, já delimitou uma variável ou um conjunto de variáveis que deseja que eles considerem.

Na atividade que estamos comentando, a questão de investigação orienta a formulação conceitual pretendida: *O que faz que um corpo flutue ou afunde em um líquido?* No final da atividade, a retomada da questão de investigação pode ajudar a recapitular o que foi trabalhado na situação experimental e a sistematizar o conceito numa generalização. Contudo, para dar prosseguimento às hipóteses explicativas e aos testes experimentais, o professor direciona um pouco mais a pergunta para o foco pretendido: *Que propriedades do corpo influem em seu comportamento (flutuar ou não) na água?*

Colocada a pergunta, os alunos seguem para fazer os testes experimentais. Têm à disposição variados materiais, cuja escolha também reflete o direcionamento e as intenções do professor. A lista de materiais sugeridos inclui objetos pequenos (que caibam no recipiente com água que servirá como cuba de teste) de diferentes materiais, como madeira, isopor, cortiça, vidro, garantindo que de cada material haja representantes de diferentes tamanhos, ocos e maciços.

A orientação do professor continua no acompanhamento do trabalho dos grupos. Nesse caso, mais do que a liberdade e a autonomia dos alunos, valoriza-se a compreensão do problema investigado. O professor cuida para que não se dispersem nem percam o foco, sugere novos experimentos e mostra fenômenos ainda não observados, como, por exemplo, o comportamento de um pedaço de papel-alumínio amassado no formato de bolinha, mais ou menos comprimido.

Os alunos realizam testes, estabelecem relações, constroem explicações. Não se pode deixar de evidenciar o papel do professor ao longo desse processo; ele interfere ativamente para que os alunos percebam a densidade como variável relevante na flutuação dos corpos.

Outro exemplo de atividade investigativa em que a questão e o desenho da investigação são fornecidos pelo professor é relatado por Scarpa e Silva (2013), adaptado de outros autores. Nessa atividade, a questão proposta é sobre a variação do número de minhocas em amostras de solo do pátio da escola, em zonas pisoteadas e não pisoteadas. A colocação da questão indica também alguns aspectos metodológicos, pois, além de sugerir a comparação entre as diferentes zonas do pátio da escola, indica que as amostras devem ser coletadas em buracos de 30 cm × 30 cm × 20 cm. As autoras destacam aspectos que evidenciam o caráter investigativo da atividade: a resposta é dependente do desenvolvimento da investigação e não existe uma resposta conhecida previamente. Os dados que forem coletados podem responder a questões de natureza descritiva; mesmo que se estabeleçam regularidades entre a distribuição das minhocas e o tipo de solo (se pisoteado ou não pisoteado), as possíveis explicações surgirão com base nas reflexões orientadas pelo professor.

Nesse caso, pode-se dizer que o principal interesse vai além das questões conceituais que podem derivar da atividade experimental investigativa. Ainda que a relação entre seres vivos e ambiente seja um tópico recorrente em currículos de ciências, há na atividade aspectos que permitem lidar com características peculiares à biologia, como a necessidade de tratar os fenômenos em estudo com um olhar probabilístico.

Novamente observamos a presença dessa indicação já na proposição da questão de investigação, que considera o horário do dia, o tamanho das amostras, os locais de coleta. Já se supõem, com base na pergunta, algumas das variáveis que podem interferir na contagem do número de indivíduos. Há um destaque para os aspectos metodológicos, revelados na proposição de discussões sobre a relevância e a consistência dos dados encontrados, a adequação do desenho experimental e o planejamento de novos experimentos. A ênfase da atividade, valorizada pelas autoras, recai sobre a produção e a consideração de evidências que possam apoiar afirmações (SCARPA; SILVA, 2013, p. 143).

A construção de afirmações baseadas em evidências é um dos propósitos do ensino de ciências que buscam aproximá-lo das práticas científicas. Quando falamos das práticas científicas, pretendemos nos referir tanto ao seu caráter de processo ou atividade, como à ideia de pluralidade, que supera a imagem que se construiu de método científico como um conjunto único de passos fixos. Atualmente, o uso de evidências para elaborar e comunicar conclusões, assim como a utilização de modelos explicativos como justificativas que apoiam essas conclusões, são exemplos das práticas científicas valorizadas tanto pelos enfoques teóricos da didática das ciências, como nos currículos das disciplinas científicas (JIMÉNEZ-ALEIXANDRE; PUIG-MAURIZ, 2013).

A interpretação que fazemos dos dados, as evidências, ocorre com base em uma explicação, em uma teoria. As explicações teóricas mudam ou porque surgem novas evidências ou porque novas teorias explicam melhor os fenômenos observados (JIMÉNEZ-ALEIXANDRE et al., 2009, p. 17).

Não é apenas em atividades experimentais que se podem produzir evidências ou mesmo propor atividades investigativas. A natureza investigativa da atividade está na existência de um problema a ser resolvido e nas condições para fazê-lo. Novamente, vale a pena fazer um paralelo com as práticas científicas; na ciência, as investigações podem se desenvolver de diferentes modos, refletindo as especificidades do que é investigado e as condições da investigação. Há, no entanto, uma regularidade nas investigações científicas: todas elas envolvem um problema, trabalham com dados, baseiam-se em informações e conhecimentos já disponíveis, estabelecem relações entre informações e explicações (SASSERON, 2013, p. 43). Em contextos escolares, atividades experimentais ou não experimentais podem se constituir em atividades investigativas.

Referências bibliográficas

ABIB, M. L. V. S. *A interferência do nível de desenvolvimento cognitivo na aprendizagem de um conteúdo de física*. Dissertação (Mestrado) – Instituto de Física e Faculdade de Educação da USP, São Paulo. (Mimeo.) 1983.

BACHELARD, G. *A formação do espírito científico*: contribuição para uma psicanálise do conhecimento. Trad. Estela dos Santos Abreu. Rio de Janeiro: Contraponto, 1996.

BANCHI, H.; BELL, R. Inquiry comes in various forms. *Science and Children*, v. 27, p. 26-29, 2008.

BORGES, R. M. R. *Em debate:* cientificidade e educação em ciências. Porto Alegre: SE/Cecirs, 1996.

CAAMAÑO, A. Argumentar en ciencias. *Alambique*: didáctica de las ciencias experimentales. n. 63, 2010.

CARMO, A. B.; CARVALHO, A. M. P. Construindo a linguagem gráfica em uma aula experimental de física. *Ciência e Educação*. v. 15. n. 1, 2009.

CARVALHO, A. M. P. et al. *Ciências no ensino fundamental*: o conhecimento físico. São Paulo: Scipione, 1998.

DRIVER, R. et al. Construindo conhecimento científico na sala de aula. Trad. Eduardo Mortimer. *Química Nova na Escola*. n. 9, p. 31-40, 1999.

_____.; NEWTON, P. OSBORNE, J. Establishing the norms of scientific argumentation in classrooms. *Science Education*, n. 84, p. 287-312, 2000.

JIMÉNEZ-ALEIXANDRE, M. P. et al. *Actividades para trabajar el uso de pruebas y la argumentación en ciencias*. Santiago de Compostela: Danú, 2009.

_____. ; PUIG-MAURIZ, B. El papel de la argumentación en la clase de ciencia. *Alambique*: didáctica de las ciencias experimentales, n. 75, p. 85-90, 2013.

ROTH, W. M.; LAWLESS, D. Scientific investigations, metaphorical gestures and the emergence of abstract scientific concepts. *Learning and Instruction*, n. 12, p. 285-304, 2002.

SASSERON, L. H. Alfabetização científica e documentos oficiais brasileiros: um diálogo na estruturação do ensino de física. In: CARVALHO, A. M. P. et al. *Ensino de física*. São Paulo: Cengage Learning, 2010.

_____. Interações discursivas e investigação em sala de aula: o papel do professor. In: CARVALHO, A. M. P (org.). *Ensino de ciências por investigação*. São Paulo: Cengage Learning, 2013.

_____.; CARVALHO, A. M. P. Almejando a alfabetização científica no ensino fundamental: a proposição e a procura de indicadores do processo. *Investigações em Ensino de Ciências*, v. 13, n. 3, p. 333-352, 2008.

SCARPA, D. L.; SILVA, M. B. A biologia e o ensino de ciências por investigação: dificuldades e possibilidades. In: CARVALHO, A. M. P (org.). *Ensino de ciências por investigação*. São Paulo: Cengage Learning, 2013.

SCARPA, D. L.; TRIVELATO, S. L. F. Movimientos entre cultura escolar y cultura científica: análises de argumentos en diferentes contextos. *Magis* Editorial Pontificia Universidad Javeriana, v. 6, p. 87-103, 2013.

SILVA, R. P. O.; CHERNICHARO, P.; TRIVELATO, S. L. F. Análise da argumentação em uma atividade investigativa de biologia no ensino médio. In: ENCONTRO NACIONAL DE PESQUISA EM EDUCAÇÃO EM CIÊNCIAS, 7, 2009. Florianópolis. Atas Abrapec, 2009.

TONIDANDEL, S. M. R. *Escrita argumentativa de alunos do ensino médio alicerçada em dados obtidos em experimentos de biologia*. Dissertação (Mestrado em Educação) – Faculdade de Educação, Universidade de São Paulo, São Paulo (Mimeo). 2008.

TOULMIN, S. E. *Os usos do argumento*. 2. ed. São Paulo: Martins Fontes, 2006.

TRIVELATO, S. L. F.; TONIDANDEL, S. M. R. *Ensino por investigação*: eixos organizadores para sequências de ensino de biologia. Revista Ensaio, Belo Horizonte, v. 17, p. 97-114, nov. 2015.

Um projeto de formação continuada para professores de história

Katia Maria Abud

Muitas das medidas de políticas públicas implementadas com base nas reformas educativas que se iniciaram nas décadas finais do século XX se justificavam e buscavam seus fundamentos na falta de qualidade do processo educativo, na deterioração dos conhecimentos do professor e no atraso dos conteúdos a ser ensinados. No período em que foram implementadas, as reformas eram apresentadas como respostas às necessidades do momento histórico em que se vivia, no qual a educação aparecia como um dos carros-chefes de um novo desenvolvimento capitalista, a cujas necessidades, próprias de uma sociedade capitalista emergente, o poder público buscava suprir.

De modo geral, essas análises tendem a considerar, indiretamente, os professores como responsáveis pela baixa qualidade do ensino, resultante da "má-formação" que teriam recebido em instituições de ensino superior, cuja expansão foi estimulada por órgãos públicos ligados à educação. A má-formação e a má qualidade atribuídas ao ensino, especialmente ao ensino público, justificariam os baixos salários e as condições de trabalho impostas à categoria (CARDELLI, 1998).

Essas concepções geraram um discurso produzido nas esferas mais altas do poder e foram reproduzidas nas escolas pelos seus representantes ou por aqueles que exercem poder diretamente sobre a docência: dirigentes, delegados e supervisores de ensino, diretores de escola, coordenadores pedagógicos.

O projeto de reconstrução de governamentalidade da docência, fazendo uso aqui da expressão de Popkewitz (1998), nos anos 1990 institui um modelo de docente que se qualifica como *"descentralizado, pragmático, construtivista, participativo, colaborativo"*, isto é, um docente que seria capaz de construir conhecimento por si mesmo. Um professor, portanto, que exerça a autonomia intelectual ao construir sua identidade profissional.

No entanto, o cotidiano escolar em sua cadeia de relações e hierarquização espera que o professor seja aquele que saiba utilizar técnicas e métodos de ensino, independentemente da reflexão sobre o saber acadêmico e sua transformação em saber escolar e independentemente das reflexões e da atuação no seu campo profissional. A intensificação do trabalho docente que se realiza pela valorização do uso de novas tecnologias tem sido mais um elemento que afasta cada vez mais o professor do próprio modelo pregado pelas autoridades escolares.

A construção da identidade profissional é um processo longo e complexo, frequentemente imperceptível para o sujeito. A autoestima é um dos componentes da identidade pessoal e profissional: ela se constrói e reconstrói de modo mais ou menos consciente em cada um de nós ao longo de seu itinerário. Quem sou e para que eu sirvo? Os sentimentos, as representações de si mesmo ligados a essas questões aparecem quando as pessoas falam de suas práticas profissionais, de suas histórias, de suas ideias de excelência na sua profissão. Isso será definido por atitudes profissionais, ao fim de certo tempo, e concebido como respostas aos acontecimentos aleatórios do cotidiano, de rotinas eficazes, como uma capacidade de se adaptar, como reconhecimento da complexidade das situações educativas cotidianas. A imagem de si tem a ver com o sentimento de legitimidade (CAUTERMAN et al., 1999).

Daí decorre uma relação de profundidade entre o exercício da autonomia intelectual do professor que ajuda o aluno a construir a dele mesmo. No entanto, isso somente é possível tendo como base a construção da própria autonomia do profissional do magistério. A formação continuada do professor – elemento importante na construção da autonomia – tem como seu principal agente o próprio professor, pois a ele se dirigem todos os atos para o seu desenvolvimento. Contudo, no processo de construção dessa autonomia, a finalidade última é o desenvolvimento do aluno como ser construtor também de sua identidade. O primeiro passo é realizado pelo professor que, se não for autônomo, não poderá auxiliar na construção da autonomia do educando.

A autonomia de pensamento, a identidade e o exercício da cidadania são três elementos que se imbricam como constitutivos do ensino e da aprendizagem de história. São fundamentais para a existência de um sujeito livre, automotivado, que tenha condições de reagir a determinações para o ensino e a aprendizagem de história e para a compreensão mesmo das razões de sua inclusão no quadro curricular. Sua condição de categorias explicativas faz delas conceitos cuja historicidade estrutura eixos para a compreensão e a organização da disciplina escolar.

O saber histórico, instrumento de trabalho do docente na escola básica, não se limita exclusivamente nem aos fatos formais, que se espera sejam *transmitidos* por meio de técnicas pedagógicas aos alunos, nem ao conhecimento e à participação nos movimentos sociais e políticos da sociedade e do momento em que vive. O conhecimento, instrumento de trabalho do professor, permitirá a integração entre os dois elementos, traçando a trajetória de volta ao passado para recuperar historicamente os sujeitos excluídos, que compõem hoje a maioria da clientela escolar das redes públicas. Longe de alienar as questões do presente, quando a exclusão social ocupa um espaço importante, a história como disciplina escolar se voltará para a compreensão das raízes da sociedade brasileira, onde se forjou um conceito perverso de cidadania, à custa daquela mesma exclusão.

Se em um primeiro momento de reflexão voltou-se para o professor como um dos atores do processo, em outro novo sujeito, o aluno, com o qual ele interage, ocuparia, no mesmo plano, outro espaço de reflexão, centrado ainda na questão da identidade e da cidadania.

Em uma sociedade em movimento, é difícil para o jovem encontrar pontos de referência, apropriar-se de regras sociais e se perceber como um indivíduo em um mundo que muitas vezes não reconhece como seu. A ausência de referências, o desconhecimento do seu lugar no grupo – seja no grupo familiar, de amigos seja até em seu grupo social, entendido no sentido mais amplo – são questões que afligem os adolescentes, alunos de nossas escolas. Para se integrar nesses grupos é necessário um melhor conhecimento de si e dos outros, a fim de que se aceitem a si próprios e aos outros, em uma relação de respeito pelas diferenças (MINISTÈRE DE L'ÉDUCATION NATIONALE, DE LA RECHERCHE ET DE LA TECHNOLOGIE, 1998).

Além disso, o jovem é bombardeado por informações e imagens sobre a sociedade em que vive, em um processo de aprendizagem tortuoso, no qual os meios de comunicação, especialmente a televisão, ocupam importante espaço. Na correção desse percurso, a midiatização a ser realizada pelo professor é de fundamental importância. Essa midiatização, porém, implica a (re)elaboração, pelo professor, desses conceitos, a iniciar pela própria identidade profissional, elemento fundamental na formulação de uma identidade que o coloque socialmente, no exercício de sua vida privada e de sua vida em sociedade, encarando projetos coletivos, primado do exercício da cidadania. Nessa perspectiva, a construção da identidade e o exercício da cidadania são postos como fundamentais na formação continuada de professores, na formação continuada daqueles que militam profissionalmente no campo das ciências humanas, e, especialmente, dos professores de história.

A elaboração dos conceitos de identidade e cidadania vincula-se profundamente às questões relativas à própria historicidade dos conceitos e estimula o professor a buscar compreensão de como se dá sua construção nas práticas cotidianas e nos aspectos relativos à dominação. Ainda, em referência específica ao professor de história, é preciso que se coloquem alguns pontos, que vão de sua formação inicial à sua atuação profissional e que passam basicamente por duas questões: a assunção de seu papel político na escola e o domínio dos conteúdos e do saber escolar, do qual a ciência de referência é um dos elementos, entre outros.

Muitos têm sido os indicadores de que o cotidiano vivido por alunos e professores deve ser o ponto de partida para a organização de planejamentos e projetos para o ensino de história na escola básica. Outra categoria, como a de cidadania, que tem sido utilizada à exaustão, a ponto de passar por um processo de esvaziamento, também cotidiano, tem sido entendida de múltiplas formas. Neste projeto, uma das preocupações foi também a de recuperar o cotidiano, como uma categoria explicativa, nas suas relações explícitas com a cidadania, outra categoria explicativa. Buscou-se romper, assim, com o senso comum que tinha vivências do dia a dia entendidas como pontos de problematização e que levavam a alguns equívocos na formulação de propostas para o ensino de história, gerando tematizações que recuperavam aspectos específicos da vivência cotidiana, como questões relativas ao transporte e à moradia, como pretexto para a retomada de uma história das técnicas próprias à transformação dos meios de transporte ou de construção. Apesar de se basear em pontos problemáticos da vivência cotidiana dos alunos, essa formulação afastava do questionamento os próprios sujeitos que sofriam a falta de transporte e de moradia.

Por essas razões, optou-se neste trabalho pelo conceito de cidadania, colocado em sua historicidade. No mundo moderno, a cidadania se desenvolveu após a Revolução Francesa, com a ascensão da burguesia e a expansão do liberalismo. T. H. Marshall afirma que historicamente a cidadania podia ser compreendida em três aspectos, denominados por ele de cidadania civil, política e social.

A cidadania civil seria composta pelos direitos necessários à liberdade individual: liberdade de ir e vir, liberdade de expressão, pensamento e crença, direito de propriedade e direito de justiça. Pelo elemento político deve ser entendido o direito de participação no poder político, como membro de um organismo investido de poder ou como eleitor dos membros desses organismos políticos. O terceiro elemento – o elemento social – refere-se a tudo o que diz respeito ao bem-estar econômico e à segurança, ao direito de participar por completo da herança social e levar a vida de um ser civilizado de acordo com os padrões que prevaleçam na sociedade. O fundamental desse grupo de direitos é o direito ao trabalho.

O aparecimento de cada um dos grupos de direitos pode ser localizado temporalmente, e a cada um dos elementos pode-se atribuir um período no qual se formou: os direitos civis, ao século XVIII; os políticos, ao XIX; os sociais, à primeira metade do século XX (MARSHALL, 1967). Pode-se observar hoje uma expansão dos direitos, resultado das lutas de "minorias", de movimentos sociais, como conquistas pelas mulheres, pelos grupos de descendentes africanos, pelos homossexuais, pelos indígenas, pelas crianças, por grupos de preservação do meio ambiente. Assim, a dinâmica social, ao introduzir novos e diferentes valores, contribui para que outros espaços da cidadania sejam abertos, acrescentando um quarto componente da cidadania nos dias atuais.

Não se pode esquecer, porém, que, no Brasil, "a cidadania não se universalizou e nem pode ser pensada em termos de uniformidade. São múltiplos os espaços de luta, na pluralidade dos tempos e das populações"(MARTINS, 1998).

A cidadania nos seus aspectos políticos foi a primeira a se constituir no Brasil, antes mesmo que se formulasse a identidade nacional e se universalizassem os direitos civis. Restrito à elite, proprietária de terras e de escravos, o exercício dos direitos políticos lhe garantia a direção dos rumos do estado nacional em gestação. Essa mesma elite foi a responsável pelo desenvolvimento da construção histórica, no século XIX, que pode ser chamada de brasileira, e pela criação da primeira escola pública secundária, inserindo em seu quadro curricular a história como disciplina escolar.

O Instituto Histórico e Geográfico Brasileiro e o Colégio D. Pedro II surgiram, ambos, nos embates pela construção da identidade nacional brasileira, quando se colocava em discussão a própria constituição do povo do Brasil, que se apresentava como um verdadeiro drama para os construtores e intérpretes do novo país, que deveria se integrar no mundo civilizado, segundo os parâmetros europeus de civilização (PORTUGAL, apud SANTOS, 1985). Esta era a grande questão: como integrar em um mundo civilizado um povo que, depois de romper os laços políticos com Portugal, somente teria duas ascendências a que recorrer:"que são os negros do sertão da África ou os índios naturais da América"? (PORTUGAL, apud SANTOS, 1985).

A criação de um sólido corpo político, excluindo dele a parte mais numerosa da população – os mestiços, os negros escravos e livres, sem contar os indígenas –, implicou a criação de um aparato ideológico que daria as bases da identidade nacional, fundada na civilização ocidental cristã, integrada no "mundo civilizado". A construção da nação, no plano simbólico, exigia a exclusão de "negros e pardos", que constituíam a maioria dos homens pobres livres.

No contexto de formação do estado nacional e da cidadania dos homens que se assumiam como brancos, de ascendência europeia, o Instituto Histórico e Geográfico Brasileiro e o Colégio D. Pedro II tinham um papel específico a cumprir: dimensionar o caráter e a alma do "povo brasileiro". Nessa perspectiva, a inclusão da história como disciplina escolar terá finalidades bem delineadas, como um instrumento de construção de uma ideia de Brasil e na formação dos quadros dirigentes nacionais, pois "a instituição escolar é, em cada época, tributária de um complexo de objetivos que se entrelaçam e se combinam numa delicada arquitetura pela qual alguns tentaram fazer um modelo" (CHERVEL, 1990). Criou-se uma história institucional, como transcrição de uma necessidade, a da construção da identidade nacional.

O aparecimento da história escolar deveu-se, portanto, ao seu papel formador da identidade nacional, compreendida na perspectiva das elites dominantes. Esse fator foi condicionante para a estruturação dos programas escolares e para a construção do conhecimento histórico sobre o Brasil. Construiu-se, desde o século XIX, uma concepção de povo brasileiro, que perduraria em programas e currículos escolares por mais de um século. Mesmo em 1931, quando o sistema educacional – e, principalmente, a escola secundária – passou por uma radical transformação, com a Reforma Francisco Campos, a persecução da identidade nacional, como um novo conceito, permaneceu como um ponto axial nas questões relativas ao ensino de história.

Destaca-se no período o tratamento dispensado aos temas que enfatizavam o sentimento nacional quanto aos *heróis* que construíram a nação. A busca das origens do povo brasileiro, personificação da nação, articula a referência a uma comunidade singular, com aspectos que lhes são característicos e que se originam de outros povos, dos quais a base seria o elemento europeu, cujo povo teria aportado a civilização ao Brasil. O silvícola brasileiro era apresentado com as tintas com as quais fora pintado pelo Romantismo, que criara uma imagem heroica de um povo considerado então desaparecido e ao qual os manuais escolares se referiam exclusivamente no passado. O indígena em programas escolares e manuais didáticos era ainda o nativo encontrado pelos portugueses que aqui chegaram no século XVI, não o índio degradado pela conquista europeia, e que conseguira a duras penas subsistir nas regiões das quais o homem branco ainda não se apossara. Contudo, a presença do índio era evidente na programação e no material didático. Desconhecido na contemporaneidade, porém, seus ancestrais ocupavam lugar no ensino, não como o elemento espoliado, mas como o ancestral que daria o toque de nobreza às origens do povo brasileiro. O historiador paulista Alfredo Ellis Jr., catedrático de história do Brasil no Departamento de História da Faculdade de Filosofia, Letras e Ciências Humanas da Universidade de São Paulo, autor de livros didáticos de história do Brasil, afirmava que no Planalto de Piratininga havia surgido uma "sub-raça superior, a sub-raça planaltina, resultante do cruzamento do europeu com os indígenas, primeiros habitantes da região" (ELLIS Jr., 1976).

Ressalte-se que toda vez que o índio entrava como componente do povo brasileiro, a referência era sempre a do índio heroico do século XVI, ao qual se chegava a atribuir virtudes próprias do cavaleiro medieval, a quem os europeus atribuíam a própria ancestralidade. Ao índio que coexistia no tempo, retirado nos sertões, que só muito recentemente fora desvendado pelo homem branco, restava o total desconhecimento, assim como não estava em questão o desaparecimento das populações indígenas nas regiões urbanizadas.

O mesmo desprezo pela existência dos africanos escravizados e seus descendentes se manifestava entre os escritores da história do Brasil.

Afirmava-se que, "em consequência da maior robustez física do elemento europeu, da imigração do mesmo, da extinção do tráfico de escravos há quase um século e dos efeitos das leis da hereditariedade no crescimento demográfico de nosso país, tem sido cada vez maior o embranquecimento de nosso povo" (MAGALHÃES, 1955).

O projeto da elite dominante de branqueamento revelava-se em pesquisas populacionais reproduzidas em livros didáticos, que procuravam demonstrar o processo de extinção da população negra, como a que segue:

"[...] segundo Roquette Pinto [...] a constituição antropológica do povo brasileiro era:
Brancos............... 51%
Mulatos............... 22%
Caboclos............. 11%
Negros................ 14%
Índios....................2%" (GOMES, 1941).

Da mesma forma que os ex-escravos eram tidos como minimamente participantes da formação do povo brasileiro, os cultos de origem africana praticados no Brasil eram tratados como superstição e perseguidos porque significavam quanto estaria o país distante da almejada civilização. Liberdade de religião, um dos primeiros direitos a serem defendidos pelos iluministas, era algo para ser exercido pelos cidadãos, não pelos excluídos da cidadania.

Atualmente, as formas de exclusão são mais sutis, porém não menos cruéis. Em matéria publicada pelo jornal *Folha de S.Paulo*, Paulo Lins e Ferrés fazem uma análise bastante crua das formas de exclusão e resistência, geradoras da violência nas periferias das grandes cidades. Como no século XIX, em que se constrói a cidadania sem a participação de "negros e pardos", ou no século XX, quando há a omissão dos pobres, negros e mestiços na composição da sociedade brasileira, no início do século XXI o sistema escolar parece garantir a permanência de grande parte da população à margem da organização da sociedade civil.

No diálogo entre os dois autores de romances que denunciam a violência que assola regiões pobres do Rio de Janeiro e de São Paulo, como, respectivamente, *Cidade de Deus* e *Capão Redondo*, evidencia-se a agudização dos problemas sociais nos bairros de periferia e nas favelas. Agudização essa que parece justificar a rebelião e a rebeldia de uma juventude carente de perspectivas de vida e de valores humanísticos. Essa juventude constitui a maioria do alunado de nossas escolas públicas. No caso específico de São Paulo, as escolas municipais se localizam principalmente nos bairros da periferia, cujos nomes nos acostumamos a ler e ouvir nos noticiários, como os locais em que acontecem as chacinas e nos quais o crime organizado se expande.

A necessidade de resgatar o conceito de cidadania, para que os alunos das camadas excluídas dele se apropriem e para que a cidadania ocupe espaços sociais ainda não alcançados, passa não apenas pela organização de um conteúdo que aborde essas questões, uma vez que depende ainda de práticas pedagógicas que busquem a inclusão social, o respeito pelas diferenças e entre os pares. Isso requer que a postura do professor seja também responsável. Mais ainda, depende de que sejam colocados ao alcance dos alunos recursos que os auxiliem na aprendizagem e na construção de conceitos. O "conteúdo" adquire sentido e significado para quem o apreende se os recursos postos a serviço do aprendizado forem inteligíveis. Por esse motivo, este projeto de história se organizou em torno de um conteúdo, cujo eixo foi cidadania e identidade, e que foi desenvolvido com base na tematização desse eixo, com a utilização de diferentes recursos didáticos. Isso provocou a articulação entre o conteúdo e os modos pelos quais o conhecimento do aluno pode ser construído, mesmo dando relevância a temas sempre presentes nos programas, nos planejamentos e nos livros didáticos. Temas como *independência, escravidão, indígenas*, importantes para a construção dos conceitos de cidadania e identidade, foram tratados de acordo com novas perspectivas historiográficas.

Foi importante, então, destacar as possibilidades de construção de um método de ensino que ao mesmo tempo promovesse uma (res)significação dos conteúdos escolares e colocasse em discussão a possibilidade de utilização de técnicas diferenciadas que fossem além do uso puro e simples dos textos dos manuais didáticos. Imprensa, cinema, literatura, música popular e imagens fixas, além de textos historiográficos, foram colocados em pauta como instrumentos auxiliares na construção do conhecimento histórico escolar e discutidos não somente como fontes históricas, mas também como recursos didáticos, nos quais podem se transformar mediante a atuação do professor.

Referências bibliográficas

BITTENCOURT, C. Capitalismo e cidadania nas atuais propostas curriculares de História. In: _____. *O saber histórico em sala de aula*. São Paulo: Contexto, 1997. p. 11-27.

CARDELLI, J. Elementos em la dinámica de poder en la actual reforma educativa. In: BIRGIN, A. et al. (Comp.). *La formación docente:* cultura, escuela y política. Debates y experiencias. Buenos Aires: Editorial Troquel, 1998. p. 67-72.

CAUTERMAN, M.-M. et al. *La formation continue des enseignants et-elle utile?* Paris: Presses Universitaires de France, 1999.

CHERVEL, A. História das disciplinas escolares. Reflexão sobre um campo de pesquisa. *Teoria & Educação*, n. 2, p. 177-229, 1990.

ELLIS JR., A. *Os primeiros troncos paulistas.* 2. ed. São Paulo: Editora Nacional, Brasília, INL, 1976.

GOMES, A. *História do Brasil para a 4ª série do ensino fundamental.* 2. ed. São Paulo: Edições e Publicações Brasil, 1941. p. 50.

MAGALHÃES, B. de. *História do Brasil para os cursos clássico e científico.* 2. ed. Rio de Janeiro: Livraria Francisco Alves/Ed. Paulo Azevedo Ltda., 1955. p. 34.

MARSHALL, T. H. *Cidadania, classe social e status.* Trad. M. P. Gadelha. Rio de Janeiro: Zahar Editores, 1967. p. 55-114.

MARTINS, I. de L. Cidadania e História. *História e Cidadania. Anais do XIX Simpósio Nacional da ANPUH – Associação Nacional de História,* realizado em Belo Horizonte (MG), em julho de 1997. São Paulo: Humanitas Publicações FFLCH-USP; ANPUH, p. 16-17, 1998.

MARTIUS, C. F. Ph. von. *Como se deve escrever a História do Brasil*. Dissertação. Rio de Janeiro: Jornal do Instituto Histórico e Geográfico Brasileiro, n. 24, 1845.

MINISTÈRE de L'éducation Nationale, de la Recherche et de la Technologie. Direction de l'enseignement scolaire. Bureau de la valorisation des innovations pédagogiques. *Pratiques innovantes. L'éducations à la cytoyenneté. Synthèse du premier progamme national d'innovation*. Paris: Institut National de Recherche Pédagogique, 1998. p. 85.

POPKEWITZ, T. S. Gubernamentalidad y formación docente. In: BIRGIN, A. et al. (Comp.). *La formación docente:* cultura, escuela y política. Debates y experiencias. Buenos Aires: Editorial Troquel, 1998. p. 55-66.

PORTUGAL, A. P. Carta a Martinho de Melo e Castro. Rio de Janeiro, 4 de março de 1790 (manuscrito). *Arquivo Ultramarino* (Documentos do Rio de Janeiro, caixa 144). Apud SANTOS, A. C. M. dos. A invenção do Brasil: um problema nacional? *Revista de História*, São Paulo, n. 118, 1985. p. 4-12.

6

Geografia escolar e a formação docente

Sonia Maria Vanzella Castellar

A geografia escolar cumpre uma função social decisiva, como ferramenta de compreensão, por parte dos alunos, da própria realidade, dos lugares onde vivem e das relações entre a sociedade e a natureza. Ler o mundo, compreender a formação espacial e desenvolver o pensamento espacial são, entre outras coisas, resultantes do aprendizado de geografia, caracterizando-a como disciplina necessária para a formação de cidadãos críticos.

O ensino eficaz de geografia, por sua vez, demanda entender a cartografia como linguagem e que o ato de cartografar e de registrar os lugares muito contribui para o desenvolvimento de um olhar estratégico sobre os territórios, pois ao mapeá-los, toma-se consciência dos lugares. A geografia contemporânea a ser ensinada, além de localizar, definir fronteiras e mapear, há que possibilitar a compreensão de mudanças no meio físico e das transformações que ocorrem nas paisagens de diferentes lugares como consequência da ação humana.

À geografia escolar cabe um olhar que revele as relações entre o meio físico e as sociedades, dando sentido às tramas e às redes dos lugares e às suas conexões e arranjos, ao mesmo tempo em que possibilita aos alunos a compreensão dos espaços vividos, por meio da leitura da paisagem e do ordenamento do território. A leitura da realidade exige compreender a complexidade espacial e a representação multiescalar dos espaços vividos, percebidos e concebidos, ao mesmo tempo em que se desvenda o mundo em suas dimensões políticas, geopolíticas e culturais.

Estudar Geografia implica pensar o espaço, entender e falar da realidade e da ocupação dos territórios, estabelecer relação entre o meio físico e a sociedade. Restringir a disciplina a um discurso mnemônico, de infindas listas de toponímias, inibe o estabelecimento da geografia como disciplina escolar fundante para a formação cidadã do aluno.

Ao fazermos referência à cidadania, assumimos que esse conceito está fundamentado no processo de *alfabetização e letramento científico*. Entendemos que o indivíduo exerce sua cidadania quando faz uso dos conhecimentos científicos, ao empregar habilidades como inferir, analisar, sistematizar, comparar, habitar e propor soluções para os problemas encontrados, levando em consideração os saberes escolares adquiridos (MORAES; CASTELLAR, 2015, p. 103). Além disso, o *letramento científico*, também, está associado ao reconhecimento da história de vida do sujeito, vivenciada em um lugar (espaço vivido, espaço biográfico), contribuindo para a cidadania.

A relevância desse tema é identificada pela análise de artigos científicos provenientes tanto de países desenvolvidos como de subdesenvolvidos, nos quais essas ideias são encontradas. Mbajiorgu e Ali (2003), por exemplo, relatam experiências voltadas ao ensino de biologia na Nigéria, as quais fundamentaram-se na concepção de uma cultura científica escolar que atende às demandas da sociedade e propicia uma apreensão melhor dos conteúdos (MORAES; CASTELLAR, 2015, p. 103-104). A mesma preocupação é encontrada na obra de Kolstø (2001), da Noruega, que propõe, em sala de aula, um trabalho de promoção da cidadania por meio do entendimento de que as ciências físicas e naturais são um processo social, com limites e valores. O letramento científico é visto por esse autor como um instrumento importante para o exercício da cidadania (MORAES, 2010).

Tratar da formação de professores, seja inicial seja continuada, requer um olhar diferenciado para a maneira como os conteúdos geográficos estão sendo abordados, isto é, um olhar que reflita os fundamentos teórico-metodológicos de ensino e aprendizagem que os futuros professores precisam assumir em relação ao seu papel na sociedade: o de formadores críticos dos seus alunos.

Uma análise geográfica crítica dos lugares requer a compreensão de conceitos, como espaço percebido, espaço concebido e espaço vivido. Com base em E. Soja (1997) e no resultado de vários processos que ocorreram na história do pensamento geográfico, o espaço percebido esteve relacionado com a compreensão da disposição dos fenômenos, a organização espacial. O espaço percebido significa observar, por isso, resgatar a observação como parte do método de análise é uma ação importante para compreender a dinâmica dos lugares, das paisagens, entre outros. A observação pode ensinar a disposição espacial dos fenômenos e, faz parte dos processos de descoberta das ciências sociais (GOMES, 2013), amplia-se assim o sentido do espaço percebido, superando a concepção que associava a observação de algum fenômeno a uma simples descrição do meio físico. Já o espaço concebido é entendido como o espaço mental, o espaço representado, associado à cartografia, às representações gráficas, ao modo como se imagina o espaço geográfico. O espaço concebido é mental, subjetivo, da imaginação, e está relacionado com a simbologia e a semiologia.

Por fim, o espaço vivido, o mais complexo dos três, articula-se com o tempo vivido, com a história, e pode ser considerado o espaço biográfico (nossa vida). O espaço vivido entendido como um espaço biográfico é outra maneira de pensar e fazer geografia. Na análise geográfica, os espaços percebido, concebido e vivido não são lineares; romper com o contínuo possibilita uma leitura geo-histórica dos fatos, analisando-os simultaneamente com abordagens históricas, sociológicas e espaciais (geográficas). Retomar o sentido dos espaços percebido, concebido e vivido nos permite reconhecer os objetos, os fenômenos e os lugares distribuídos no território, compreendendo os diferentes olhares para a maneira dos arranjos dos objetos nos planos espaciais.

A retomada do sentido da compreensão espacial nos coloca um desafio: a superação dos limites didático-pedagógicos que tratam a geografia escolar ainda hoje como dicotomizada, fragmentada, descritiva. Manter a geografia com essa ideia é destituí-la de sentido. A falta das bases teórico-metodológicas da geografia implica a manutenção dos obstáculos epistemológicos para ensiná-la. A superação dessa concepção colocará a geografia em destaque no currículo escolar, ou seja, superar a dicotomia permite à geografia um sentido, um significado, possibilitando ao aluno ler o mundo.

A formação docente

Em pesquisas realizadas[1] recentemente sobre o estudo das concepções de cidade, urbano, lugar e usos de solo com professores de geografia da rede pública paulista, percebemos as dificuldades deles em compreender os conceitos estruturantes da geografia escolar, como lugar, paisagem, urbano, e, ainda, ter clareza do papel que as representações gráficas e cartográficas têm na geografia. Outra dificuldade que notamos foi a de relacionar e aplicar um conceito em uma situação do cotidiano, tornando a aprendizagem significativa impossível.

Se há dificuldade na compreensão conceitual, há fragilidade na formação inicial dos docentes, que interfere na sua atuação no processo de ensino e de aprendizagem. Ao partirmos da premissa de que a escola é o lócus onde as concepções dos estudantes serão estruturadas, onde acontecem as mudanças conceituais por meio da mediação do professor, é mais do que necessário que os docentes tenham uma formação sólida, apropriando-se dos saberes científicos para que os seus alunos compreendam os conhecimentos escolares.

Quanto à discussão relacionada ao ensino de geografia, deparamos com as questões relativas à organização curricular dos cursos de geografia de formação inicial, nos quais nem sempre há disciplinas de didáticas pedagógicas articuladas com os fundamentos geográficos.

---

1. Fapesp – processo 2012/272-2. Estudo das concepções de cidade, lugar, urbano e usos de solo com professores e alunos da rede pública do estado de São Paulo, modalidade ensino público (2012-2015). No projeto individual CNPq como bolsista n. 2, a pesquisa é realizada com alunos da graduação.

Apropriar-se de conteúdos e dar-lhes sentido são atos importantes, equivalem ao ato de ler e escrever. Faz parte do conceito de cidadania a apropriação do conhecimento científico. Essa ideia implica apropriação dos saberes escolares pelos alunos para que possam, ao compreendê-los, aplicar conceitos em situações do cotidiano.

O aluno exerce a cidadania quando faz uso do conhecimento científico, quando tem noção de seu lugar e seu papel no mundo. Em uma aula no curso de Pedagogia, durante a descrição e a análise do trabalho de campo realizado em diferentes bairros da cidade de São Paulo, os graduandos contaram como ocorreram as observações, as percepções que tiveram dos bairros e suas dificuldades em elaborar os mapas mentais.

Foi durante o trabalho de campo que os alunos perceberam o sentido das discussões realizadas em sala de aula, quando seus olhares para os lugares tiveram outro sentido. Na apresentação deles, uma aluna disse: *agora eu sei olhar a cidade e compreendê-la, agora meu olhar é geográfico.* Outra aluna falou: *não conhecia a cidade em que vivo, hoje eu sei geografia.* Os comentários mais comuns eram: *agora passei a conhecer meu bairro; eu passava neste lugar e não percebia o que existia nele.* Os alunos vivenciaram uma experiência, por meio da qual perceberam e conceberam a cidade, mas essa experiência estava articulada com os conceitos geográficos e com os mapas temáticos dos bairros. As atividades fizeram sentido, possibilitando uma aprendizagem significativa e investigativa, provocando o que podemos denominar alfabetização científica. A preocupação com uma educação para o exercício da cidadania e suas consequências, como uma tomada de decisões sobre assuntos que envolvem ciências e tecnologia em uma perspectiva social, é universal e necessária.

Um aspecto importante da formação docente é a retomada dos fundamentos da didática específica, apropriar-se dela com ações pedagógicas que norteiam a sala de aula nos ajuda a pensar e atuar no cotidiano da escola. Um professor protagonista supera os obstáculos epistemológicos, ampliando seu campo de intervenção, assegurando sua liderança em sala de aula e estabelecendo um marco educativo concreto com concepções conceituais da disciplina.

As decisões tomadas pelos professores na organização das suas aulas são tão importantes quanto o currículo ou as normas escolares, pois são decisões que pautam como o aluno aprenderá e como será avaliado, concretizando os objetivos definidos pelo docente em seu planejamento. Essa concepção apresenta ao professor uma releitura do papel do currículo e de suas práticas pedagógicas, implica considerar como se ensina geografia na escola e qual conhecimento geográfico os alunos deveriam adquirir. A pergunta-chave para esta discussão, quando pensamos a ação do professor e a compreensão da didática, é: *O que queremos que o aluno aprenda? O que o aluno precisa saber ao terminar um ciclo escolar?* As respostas a essas perguntas estão relacionadas com a formação do professor, revelando como ele compreende seu papel na organização dos conteúdos, o currículo e o processo de ensino e aprendizagem.

Colocar o professor diante de um processo de discussão sobre as práticas pedagógicas que o façam compreender a importância de estar em *estado de mobilização*, ou seja, reconhecer que a ação pedagógica, ao ser significativa, contribui para formar cidadãos críticos, ao mesmo tempo permite que o docente tome consciência do sentido em assumir uma *vida intelectual*. Dar sentido à vida intelectual pode ser a necessidade de analisar as suas práticas não apenas durante um curso de formação continuada, mas um ato de reflexão durante suas aulas.

Em muitos cursos de formação continuada e durante as pesquisas, notamos a resistência às mudanças, pois mudar significa rever a sua postura diante do mundo e as relações sociais existentes. Isso pode gerar certo mal-estar, na medida em que o professor deveria ter, em sua formação inicial, um aprofundamento teórico que lhe permitisse avaliar sua formação em função do processo de aprendizagem do aluno, como um processo de autoformação crítico-reflexiva.

Outro elemento importante na formação do professor é a construção da sua identidade profissional, que está associada à sua postura em cursos de formação continuada. Conforme destaca Pimenta (1994), essa identidade se constrói pelo significado que cada professor confere à atividade docente no seu cotidiano, com base em seus valores, seu modo de situar-se no mundo, sua história de vida, seus saberes e suas representações. É essa identidade profissional que vai ajudá-lo a pensar suas ações e definir as estratégias de pensamento para o exercício de sua profissão, bem como a dimensão do que é conhecimento e como ele é construído, assumindo a necessidade de ter uma vida intelectual.

A organização de um curso de formação continuada deve levar em conta a necessidade que o professor possui para participar dele. É importante fazer com que os docentes percebam que não se trata apenas de participar dos cursos, mas de ter como perspectiva a mudança, ou seja, por meio do curso desejar mudar as suas práticas. Assim, a probabilidade de êxito será maior quando os professores participam porque querem e não porque foram convocados.

Estruturar um curso de formação continuada com o objetivo de gerar mudanças nas concepções teórico-metodológicas da geografia articulando com o processo de ensino e aprendizagem sempre foi um grande desafio, uma vez que os professores têm, em sua maioria, uma formação com deficiência conceitual – portanto, nos conteúdos geográficos básicos –, ao mesmo tempo que apresentam resistência em mudar sua prática. A deficiência conceitual é uma característica que frequentemente observamos quando fazemos um levantamento inicial sobre a formação do docente, juntamente com a informação de que a maioria dos participantes tem formação em licenciatura curta com complementação em história ou geografia ou, ainda, fez história, mas, tendo habilitação em geografia, acaba assumindo as aulas. O que faz que os cursos precisem ser organizados também do ponto de vista epistemológico da geografia.

As propostas metodológicas atuais que visam a práticas mais consistentes e significativas requerem um ensino crítico de geografia, com os saberes escolares sistematizados de forma crítica, criativa, questionadora, buscando favorecer sua interação e sua articulação com outros saberes. Portanto, requerem um professor com uma formação sólida tanto do ponto de vista epistemológico quanto metodológico.

Centrar o trabalho na observação e no conhecimento que os alunos possuem permite ao professor dar mais significado ao conhecimento que será tratado em aula. Significa entender que o conhecimento prévio do aluno pode ser uma ação mediadora para que ele se envolva com sua aquisição de conhecimento. Agindo dessa forma, os conteúdos se tornam relevantes tanto para o professor quanto para o aluno, envolvendo-os no processo de ensino e aprendizagem.

Nesse contexto, os professores se sentem mais autores das suas atividades em sala de aula, dando mais significado à didática e entendendo-a como parte do processo de ensino e aprendizagem. Considerando as afirmações de Bachelard (1996), o sentido das observações gerais do conhecimento prévio dos alunos aparecerá melhor quando forem superados os obstáculos epistemológicos específicos e as dificuldades bem definidas, organizando um plano de estudo para começar a investigação, de modo que os educadores tenham clareza das dimensões do significado do seu papel na formação do aluno, ou seja, possibilitem ao aluno o acesso ao conhecimento para que ele possa compreender o mundo em que vive.

O papel do professor na mediação do conhecimento escolar

Segundo Arnay (1998), quando se discute a relação entre conhecimento científico e conhecimento escolar, nota-se que não está claro para os alunos o que não se aprende:

> A maioria dos(as) alunos(as), inclusive no ensino superior, quando tem de responder sobre o que estão estudando, o sentido do que estudam ou o significado que tem para eles(as) o que estudam, é incapaz de dar respostas concretas e qualitativas para a sua vida cotidiana. Não estudam para interpretar o mundo que os rodeia, para entender a complexidade das relações entre os fenômenos, porque lhes interessa agir sobre a realidade, ou porque é criativo, divertido ou interessante. Fazem-no pensando aumentar o seu grau de competência (para saber mais, para passar no curso, para serem aprovados, para ganhar dinheiro), diante de um futuro não específico (ARNAY, 1998, p. 50).

Essa visão utilitária é facilmente detectável, é a prova mais contundente da dificuldade de dar sentido e significado no contexto escolar. Cabe, então, ao professor o papel de valorizar a distribuição do conhecimento escolar. Ter clareza do que ensinar e por que ensinar provoca o professor a ressignificar o conhecimento escolarizado. Essa postura pode ocorrer durante um curso de formação de professores, quando se questiona o porquê das mudanças pedagógicas, como se fossem modismos, reforçando a ideia do *por que tenho de mudar algo que faço há muito tempo e sempre deu certo?*. Romper com o pensamento *está bom assim* é fundamental para possibilitar a superação do obstáculo de aprendizagem.

A superação dessa postura nos faz recuperar o papel da escola a partir do ponto central da escolarização, que é o fato de possibilitar que as crianças e os jovens tenham acesso ao conhecimento, a fim de se empoderar das ferramentas intelectuais que lhes permitam exercer sua cidadania (CALLAI, 2014, p. 69).

Essas questões possuem relação direta com a concepção de educação que o professor tem, a forma como ele organiza os conteúdos e a visão que se tem dos alunos. Essa postura pode reforçar uma visão tradicional sobre o ensino e não estimula um ato reflexivo sobre o que se aprende e como se ensina.

Os temas propostos no curso de formação continuada foram sendo concebidos de modo que possibilitassem que o professor se aproprie dos conceitos estruturantes da geografia escolar e ao mesmo tempo valorize a didática como referência para a sua prática em sala de aula. Bachelard (1996, p. 23-24) corrobora com essa ideia quando afirma que:

> Na educação, a noção de obstáculo pedagógico também é desconhecida. Acho interessante que os professores de ciências, mais do que os outros se possível fosse, não compreendam que alguém não compreenda. Poucos são os que se detiveram na psicologia do erro, da ignorância e da irreflexão (...). Os professores de ciências imaginam que o espírito começa como uma aula, que é sempre possível reconstruir uma cultura falha pela repetição da lição, que se pode fazer

entender uma demonstração repetindo-a ponto a ponto. Não levam em conta que o adolescente entra na aula de física com conhecimentos empíricos já constituídos: não se trata, portanto, de adquirir uma cultura experimental, mas sim de mudar de cultura experimental, de derrubar os obstáculos já sedimentados pela vida cotidiana. (BACHELARD, 1996).

A afirmação de Bachelard coloca em destaque a compreensão que o docente possui de aprendizagem, o que significa aprender e ensinar, qual é a estratégia pensada para tratar o conhecimento prévio dos alunos. Logo, as atividades em sala de aula deveriam mobilizar o aluno para que ele mude o perfil conceitual, ressignificando os saberes prévios. Contudo, não é isso, muitas vezes, o que acontece na escola. Os alunos não veem significado no que estão aprendendo e os professores se sentem desmotivados, reforçando a ideia de Arnay. No entanto, sair do discurso, tomar consciência do seu papel, compreender pedagogicamente o papel da aula daria para o educador, talvez, outra dimensão de sua prática em sala de aula.

A estratégia é algo mais que uma metodologia (PULGARÍN, 2008). Em educação, estratégia é uma ação intencionada, planejada conscientemente para potencializar o ensino e a aprendizagem, e às vezes, para concretizar um planejamento, a gestão curricular é necessária.

Entretanto, para viabilizar a ação intencionada, Anna Maria P. de Carvalho (2004) e Xosé Manuel Souto González (1999) concordam ao afirmar que o construtivismo contribuiu para a compreensão da necessidade de conhecer as características da linguagem específica e também de entender que cada pessoa tem sua maneira de aprender, sendo para isso necessário o método (TAMAYO; PULGARÍN; CASTELLAR, 2014).

A compreensão conceitual por parte do professor se revela nas representações que ele tem dos objetos e dos fenômenos da realidade e no modo como os compreende. A maneira como se desenvolve um conceito ou como uma atividade será desenvolvida em sala de aula revela a concepção de processo de ensino e aprendizagem do docente. A mudança conceitual é a restruturação do aprendido; o aluno reconsidera o seu saber anterior e o reestrutura por meio de uma atividade de aprendizagem trabalhada pelo professor.

As representações são socialmente construídas por ele, de maneira que o seu cotidiano, a cultura adquirida, a sua vida intelectual façam parte da maneira como ele entende o seu papel em relação às práticas pedagógicas, como exerce a mediação do conhecimento, como organiza as aulas e as estratégias que possibilitam uma aprendizagem significativa.

O resultado da pesquisa nos mostrou que, ao dar sentido ou significado aos conceitos e às estratégias de ensino, o professor se envolve não apenas durante a formação, mas passa a ter uma proposta mais propositiva em relação ao processo de ensino e aprendizagem. Com o objetivo de que os processos de ensino possam ter a finalidade de mudança da prática, realizamos oficinas e atividades, como parte das estratégias da pesquisa, que estimularam tanto os professores quanto seus alunos a compreenderem a importância do planejamento de ensino, inserindo a organização das modalidades de ensino, entre as quais a sequência didática.

Ao descrever as atividades desenvolvidas em sala de aula, com base nas discussões nas reuniões dos grupos, os professores contam como aplicaram atividades, como envolveram os alunos nas aulas e qual foi a reação destes ao lerem um mapa ou uma imagem ou quando elaboraram um croqui cartográfico.

Em conjunto, estruturamos as etapas das atividades de aprendizagem, por meio das quais pudemos observar como os alunos participam das aulas e como os professores as encaminham. Os professores relataram que não só os alunos envolveram-se no processo de elaboração das atividades, como também tiveram outro comportamento, ficando mais concentrados e discutindo em grupos.

Outro aspecto importante durante a pesquisa com os professores e os alunos da graduação foi a maneira como passaram a entender o sentido das metodologias ativas, como, por exemplo, a resolução de problemas. Todos notaram que a aplicação de conceitos para explicar os fenômenos geográficos e as situações do cotidiano mobiliza os alunos, dando sentido aos termos *aprendizagem significativa* e *investigativa*.

O resultado da pesquisa nos mostrou que, para a formação continuada ter eficácia, há necessidade de romper ou superar os obstáculos epistemológicos e da aprendizagem. Isso significa que os professores precisam:

a. compreender os conceitos geográficos e aplicá-los em situação cotidiana;
b. reconstruir seus referenciais pedagógicos, superando a visão de que a didática é mera discussão de "instrumentos ou recursos didáticos";
c. sentir necessidade e desejo de ter uma vida intelectual, reconstruindo sua identidade profissional.

Ser professor é uma tarefa complexa; ao compreendê-la, espera-se que ele tome consciência da necessidade de mudar, mas também deseje tratar das mudanças conceituais e das estruturas cognitivas dos alunos. Requer que haja clareza do sentido de identidade profissional e dos sentimentos de necessidade e desejo. Esses sentimentos possibilitam mudanças de postura tanto na vida quanto no entendimento de ensinar. Os mesmos sentimentos devem ser estimulados nos alunos para que também sintam interesse em aprender. Essa é uma ação importante para que a escola seja de fato inclusiva, ao proporcionar aos alunos a possibilidade de aprender.

O sentimento de interesse pela descoberta; o interesse e a necessidade são sentimentos importantes que podem contribuir para melhorar a atuação dos professores nas escolas e na forma como a escola organiza o conhecimento escolar. Essa mudança de compreensão por parte do docente pode resgatar alunos que um dia foram curiosos, criativos e interessados e que por vários motivos deixaram de ser porque a própria escola se encarregou de destruir esses sentimentos, necessários para buscar conhecimento.

Uma proposta metodológica transformadora requer que o professor considere o contexto escolar, a cultura da escola, as características dos alunos, de maneira que possa estruturar os conteúdos levando em conta a realidade concreta. Isso significa que ao professor cabe saber com precisão *o que ensinar, como ensinar, para que ensinar,* o que de fato o colocará em uma posição de liderança diante dos alunos.

A escola é um lugar de encontro de culturas, de saberes científicos e de saberes cotidianos. Mesmo tendo como referência básica os saberes científicos, verifica-se que a escola lida com culturas diferentes na sala de aula e em outros espaços escolares. Esse multiculturalismo pode ser mediado pelas disciplinas escolares, e a geografia escolar é uma delas.

De acordo com Forquin (1993), que corrobora Arnay (1998) e Bachelard (1996), na escola, lidamos basicamente com três tipos de cultura: a *cultura escolar,* seleção arbitrária do repertório cultural da humanidade, conjunto dos conteúdos cognitivos e simbólicos que, organizados, constituem o objeto de uma transmissão deliberada na escola; a *cultura da escola*, desenvolvida no cotidiano da escola, conjunto de saberes e práticas da escola, seus ritmos e seus ritos, sua linguagem; *a cultura de alunos e professores,* construída pelos agentes do processo escolar em sua experiência cotidiana, fora da escola, com os grupos sociais aos quais pertencem.

Embasando-se no entendimento das dimensões culturais, o professor e o futuro professor podem dar sentido ao seu papel na escola e na comunidade escolar.

O aluno se envolve com o ensino quando as propostas em sala de aula são significativas, superando as práticas que tratam o conhecimento como um rol de informações, porque geralmente é trabalhado apenas em uma perspectiva de memorização. A superação implica fazermos a seguinte pergunta: *o que temos em mente quando falamos de qualidade de ensino?* (LIBÂNEO, 1993, p. 84). Ao respondê-la, colocamos em prática o que entendemos sobre ensino e aprendizagem, sobre políticas educativas, sobre o que queremos como professores, apesar de todas as discussões presentes nas escolas e nas universidades com base nas teorias de aprendizagem. Devemos superar a ideia dos professores que afirmam, por exemplo, *que o tempo é curto para tanto conteúdo* e ao mesmo tempo a dos alunos da graduação, *de que a escola não apoia o professor.* Essas queixas são comuns e não acrescentam nada para melhorar a escola. Elas reforçam a visão de que as mudanças precisam acontecer primeiro na sociedade, precisam mudar as famílias e depois a escola, para que o professor mude sua prática.

Para Giroux (1996), os educadores precisam oferecer novos elementos teóricos para repensar o modo de criar múltiplas culturas públicas e de oferecer oportunidades para que diversos grupos se dediquem a diálogos e intercâmbios mais amplos.

Para esse autor, é, sobretudo, desejável que os professores tenham uma base teórica pedagógica, além da sua formação específica para que possam questionar e transformar a base institucional. Precisam de vigilância constante a respeito da sua autoridade, unida a um respeito ao conhecimento do aluno. O professor deve ser o mediador das obrigações que possui, aumentando as possibilidades de uma prática capaz de resolver os problemas de aprendizagem. Ao buscar soluções para os problemas de aprendizagem, o professor atua na direção da resistência, e resistir ao fracasso escolar é mais uma postura que estimula a coragem cívica, a cidadania e a democracia no mundo atual.

É, porém, evidente que a formação inicial docente não pode ser apenas específica, pois não tem levado a bons resultados, porque os futuros professores muitas vezes se sentem inseguros no momento da aplicação de seus conhecimentos na prática. Se há necessidade de projetos de cursos de educação continuada, há também necessidade de reestruturar o curso de licenciatura, pois apenas as disciplinas oferecidas não são suficientes para uma escola com alto grau de complexidade.

Quando o professor atua para se apropriar de sua experiência, do conhecimento que tem para investir em sua emancipação e em seu desenvolvimento profissional, deixa de ser mero consumidor de informação genérica.

Com base na experiência que temos em cursos de capacitação, percebemos que os professores devem repensar o papel que desempenham e questionar esse "mal-estar" que se desencadeou no professorado, em função da falta de apoio às críticas que os tornam únicos responsáveis pelos problemas teórico-metodológicos.

É importante que os professores percebam os conhecimentos prévios dos alunos sobre os temas a serem estudados, não apenas porque são os que eles utilizam para iniciar o processo de ensino e aprendizagem, não podendo prescindir deles na realização de novas aprendizagens, mas também porque deles dependem as relações que podem ser estabelecidas para atribuir significado às novas informações propostas. Sobre esse aspecto, Macedo (1994) aponta que os conhecimentos dos alunos sobre determinado tema possibilitam estabelecer relações substantivas, permitindo também, consequentemente, atribuir significados ao novo conteúdo.

O currículo de geografia e o conhecimento escolar

Nos cursos de formação continuada, temos trabalhado com uma proposta que tem o currículo como um ponto a ser discutido com os docentes. Além das discussões sobre método, propomos que o currículo tenha como conceito estruturante a cidade. O estudo da cidade como o centro dos conteúdos pode estimular o ensino de geografia ao dar mais significado e possibilidade de investigação, na medida em que a maioria da população em geral vive em centros urbanos e por ser um tema que insere de forma consciente o professor no lugar em que vive.

Nesse sentido, os dados da pesquisa nos mostram também que temas como cidade, bairro e o entorno da escola não são levados em consideração pela maioria dos professores na hora em que organizam os conhecimentos a serem tratados em sala de aula.

Ao estudar a cidade, entende-se que ela não é apenas o mundo das coisas, dos objetos técnicos, do material que se percebe, dos fluxos e dos fixos. A cidade é complexa, faz parte de um processo da produção humana, está inacabada, tem por base a formação econômica, social, ambiental e cultural. Compreender a cidade passa pela sua origem, pelos domínios das técnicas, pela produção e pelo consumo, por um tripé importante de ser entendido – a função, a estrutura e a forma –, de modo que supere a superficialidade de entender a cidade apenas pela dimensão do cotidiano, dos problemas existentes nela. Essa proposta ressignifica os olhares dos docentes para a cidade em que vivem, os quais vão reconhecer os lugares e tomar consciência das práticas urbanas que exercem, apropriando-se da cidade.

Sem dúvida, essa proposta implica projetos de formação organizados com base nas discussões conceituais e temáticas do conhecimento geográfico. Estimular o estudo da cidade por meio de trabalho de campo e leitura de mapas requer uma formação continuada que provoque o professor a rever suas concepções teóricas e de mundo, que faça que o aluno tenha referência ao bairro em que vive, estimulando o sentimento de pertencimento ao lugar vivido.

O professor deverá ter uma formação que o desperte para a vida intelectual, que o faça ter consciência do que ele sabe e do que precisa saber. Formar o aluno para que leia o mundo supõe compreender a realidade em que vive, significa levar situações do cotidiano para a classe, para iniciar a aula com base no levantamento prévio e torná-la investigativa e significativa.

Eleger a cidade como conteúdo e projeto didático na geografia escolar nos coloca o desafio de saber como os alunos representam a cidade ou o bairro. O que eles sabem sobre a cidade? Qual a importância que a cidade tem para eles e o que gostariam de estudar sobre ela? Qual a sua imagem de cidade? Como sonham e pensam a cidade? Por que estudar a cidade? São perguntas que permitem identificar a singularidade de seu conhecimento e são os pontos de partida para o estudo desse conteúdo, partindo do cotidiano por eles vivido, daquilo que aprendem fora da escola. Apoiar-se nessas perguntas para estruturar as aulas é, certamente, um desafio para os professores. Adicionalmente, essa rota brinda os professores com uma oportunidade especial de promover, simultaneamente, a pesquisa na sala de aula, a participação ativa e o desenvolvimento do processo docente contextualizado e investigativo.

Cada vez mais se reconhece a necessidade de construção de currículos pertinentes e contextualizados. Uma forma de torná-los realidade é a opção pedagógica e didática de ensinar a cidade e as categorias que a constituem (como a paisagem e o território) ou, dito de outra forma, estudar os espaços vividos, os espaços habitados, por meio de uma abordagem disciplinar que não descarte a visão interdisciplinar da ciência geográfica. A proposta de ter a cidade no centro do estudo da geografia no ensino fundamental parte de um grupo de pesquisadores em ensino e didática de geografia – REDLADGEO[2] –, cujo entendimento é de que a concentração dos jovens que vivem em cidades, nas quais se dá seu processo de experimentar a vida, estabelece inúmeras relações com o espaço geográfico. Como afirma Lefebvre (2000) são as práticas cotidianas que produzem e condicionam as experiências no espaço vivido.

Em uma análise geográfica, o espaço vivido está articulado ao espaço concebido e ao espaço percebido. Essa análise deve ser incorporada ao ambiente do ensino, pois leva em consideração as relações que os alunos possuem com esses espaços.

A importância da geografia na estrutura curricular está no fato de propiciar ao aluno uma compreensão dos fenômenos que ocorrem no espaço em que ele vive. Esses fenômenos, por exemplo, estão relacionados à dinâmica da natureza presente em diferentes sociedades e culturas, que caracterizam o conteúdo geográfico, permitindo ao aluno compreender a realidade.

Na escola, portanto, o ensino das diferentes matérias escolares, a metodologia e os procedimentos de ensino devem ser pensados em função da realidade dos alunos, do seu universo cultural e da organização do projeto pedagógico da escola em que se materializam a cultura escolar e o saber sistematizado.

A prática cotidiana dos alunos é, desse modo, plena de espacialidade. Cabe à escola trabalhar com esse conhecimento nos seus espaços, discutido e ampliado, alterando, com isso, a qualidade das práticas dos alunos em uma prática reflexiva e crítica.

O ensino de geografia, tendo como referência os conceitos cartográficos, é, sem dúvida, a base para que o aluno possa estruturar, cognitivamente em termos de conteúdo, o conhecimento da realidade e, com isso, o conhecimento geográfico.

---

2. REDLADGEO: Rede Latino-Americana de Investigadores em Didática da Geografia, da qual participam grupos de pesquisas da UBA (Argentina); UAHC (Chile); PUCV (Chile); UPN (Colômbia); UAD (Medellín); UFG (Brasil), USP (Brasil), Unijuí (Brasil), UFT (Brasil), UFMG (Brasil), entre outros grupos brasileiros e latino-americanos.

Ao perceber e ler os fenômenos em diferentes escalas, o aluno inicia um processo de aprendizagem relativo à leitura de mundo, ou seja, relativo à compreensão da realidade. Assim, ele notará as diferenças e as semelhanças entre as realidades locais, a dinâmica da natureza, a maneira como o modelo produtivo se concretiza em nosso cotidiano.

Nas palavras de Bachelard (1996), para aprender ciências há que se colocar o espírito em estado de mobilização permanente, o que significa não aceitar nada dado por certo ou como verdade absoluta. Essa é uma concepção que nos auxilia a pensar percursos mais desafiadores para o processo de ensino e aprendizagem no qual o professor tem um papel fundamental. Para isso acontecer, com base em Bachelard (1996), julgamos importante o conhecimento prévio do aluno, além das revelações imediatas do real. *O real nunca é o que se poderia achar, mas é sempre o que se deveria ter pensado.*

A ideia da superação das concepções de senso comum contribui para que os conceitos sejam compreendidos para além das primeiras impressões, isso nos faz pensar na complexidade de um cenário do cotidiano ou de entender um fenômeno ou um objeto, como a cidade ou um território. A cidade, por exemplo, pode ser entendida como um solo fértil para formular políticas e culturas que interferem na vida da população local e está vinculada ao processo histórico. Vejamos, por exemplo, uma maneira de olhar a cidade em um contexto que permite entendê-la por meio da ocupação e da cultura.

> A cidade contemporânea, apesar de grandes transformações, está mais próxima da cidade medieval do que esta última está da cidade antiga. A cidade da Idade Média é uma sociedade abundante, concentrada em um pequeno espaço, um lugar da produção e de trocas em que se mesclam artesanatos e o comércio alimentados por uma economia monetária. É também o cadinho de um novo sistema de valores nascido da prática laboriosa e criadora do trabalho, do gosto pelo negócio e pelo dinheiro. É assim que se delineiam, ao mesmo tempo, um ideal de igualdade e uma divisão social de classes [...].

Mas a cidade concentra também os prazeres, os da festa, os dos diálogos nas ruas, nas tabernas, nas escolas, nas igrejas e mesmo nos cemitérios. Uma concentração de criatividade de que é testemunha a jovem universitária que adquire rapidamente poder e prestígio, na falta de uma plena autonomia. (LE GOFF, 2000, p. 25)

Esse excerto mostra uma maneira de ler e entender a cidade, reforça a ideia de Bachelard de que o real nunca é o que se poderia achar, mas é sempre o que se deveria ter pensado, porque a complexidade está em entender a localização, os arranjos, a paisagem que revela as trocas e as festas, a produção e a política.

Estudar a cidade motiva quem vive nela a problematizá-la, a ter as situações do cotidiano como referência para compreender a relação sociedade-natureza, entendendo o espaço vivido e concebendo-o no imaginário, na representação cartográfica, por meio dos mapas mentais.

A cidade, como espaço geográfico, é um cenário que nas últimas décadas tem convocado a presença de muitas pessoas interessadas em compreendê-la, reconhecê-la como espaço habitado e habitável, como afirmam Rodriguéz e Lache (2015). Essa ideia nos permite afirmar que a cidade é um tema estruturador do currículo da geografia escolar. Cada vez mais tem se fortalecido nas escolas a relação com a cidade, por meio da inclusão de estratégias como trabalhos de campo e visitas a museus, parques e centros de divulgação científica, dinamizando as aulas e reconhecendo os diferentes espaços como possíveis lugares para aprender e ensinar. Para esse modelo, a supremacia do conhecimento é também referência para a formação do professor.

Além disso, a necessidade de introduzir problematizações, de o conhecimento ser construído tendo como base situações mais simples em direção a outras mais complexas, fortalece a capacidade de o aluno saber e saber fazer.

Um ensino desprovido de problemas desconhece o sentido real do espírito científico. Nessa direção, é importante ponderar que a geografia, assim como as outras ciências, ao desenvolver os conteúdos articulados com os conceitos científicos, provoca os alunos a levantar hipóteses e trazer situações do cotidiano para construir o conhecimento científico, o que significa um ensino e uma aprendizagem embasados na investigação de um fenômeno que tenha pertinência à realidade do aluno.

A expectativa que temos em relação à escola e, portanto, à educação, é que, ao longo dos nove anos do ensino fundamental, os alunos construam um conjunto de conhecimentos referentes a conceitos, procedimentos e atitudes, relacionados à geografia e aos outros componentes curriculares. Para isso, os educadores precisam rever as concepções de escola, de ensino e de aprendizagem que ainda persistem na cultura escolar.

Nessa forma de conceber a dimensão pedagógica, o professor, com certeza, terá de desempenhar o papel de mediador, promovendo momentos de discussão coletiva para que a aprendizagem realmente ocorra.

Permitir que os alunos discutam os diferentes aspectos de um mesmo fenômeno, de modo que possam construir e compreender as novas e mais complexas concepções da realidade, é dar significado ao conhecimento escolar. Essa garantia ocorrerá não com propostas oficiais, mas quando a formação inicial capacitar os professores de geografia, fornecendo-lhes alguns parâmetros para que atuem em sala de aula com referenciais teóricos que garantam de maneira adequada e democrática a construção do conhecimento.

Daí a importância de saber selecionar os conteúdos, de planejar as ações que serão aplicadas em sala de aula, fundamentais para que o aluno desenvolva as operações mentais e construa os conceitos. O planejamento da aula deve considerar a concepção de aprendizagem que fundamenta a prática do professor.

Tendo clareza dos objetivos, o professor dará um significado maior à sua prática e fará questionamentos como: Aonde quero chegar quando estabeleço esse conteúdo? Nesse conteúdo, quais são os conceitos que permeiam ou estão articulados? Como vou ensinar esse conteúdo, quais são os procedimentos que vou estruturar para que haja uma relação entre o ensino e a aprendizagem satisfatória e haja envolvimento do aluno? O aluno precisa perceber que o professor está envolvido no que faz!

É por isso que hoje falamos em educação geográfica, porque consideramos que essa é uma proposta que contribui para o ensino de geografia e sua relação com a construção da noção de espaço. Na medida em que vai observar, perceber e representar o espaço vivido, o aluno poderá, também, estabelecer relações entre as diferentes realidades sociais.

Durante as oficinas, nas aulas e nas reuniões, discutimos a articulação entre a geografia física e a geografia humana para dar sentido ou significado ao estudo da cidade. Nessa perspectiva, o ensino de geografia ganha importância porque, ao aproximar a geografia física da geografia humana, rompemos com a fragmentação dos conteúdos e superamos a dicotomia, possibilitando a compreensão da totalidade dos lugares.

Pensar pedagogicamente os saberes geográficos numa perspectiva metodológica e significativa para os alunos implica desenvolver ações que reestruturem os conteúdos, inovem os procedimentos e estabeleçam com clareza os objetivos. Desse modo, considera-se que a prática educativa da construção de conceitos, atitudes e procedimentos, socialmente, no grupo familiar ou na escola, se faz considerando o conhecimento prévio do aluno, participando do processo de aprendizagem ao possibilitar conflitos cognitivos durante o trabalho dos alunos com o material escolar e até fornecendo informações com o propósito de suscitar a reorganização das ideias prévias das crianças na direção do saber a ser ensinado.

Nessa perspectiva, consideramos que a aula tem uma função relevante, pois é o momento no qual se podem organizar o conhecimento e o pensamento do aluno, por meio da atividade de aprendizagem. Nem todas as ações docentes garantem uma aprendizagem suficientemente construtivista para todos, mas não se deve esquecer que cada aluno tem um processo interior que pode ser estimulado quando mediado pelo professor e por seus pares.

Pensar na perspectiva da educação geográfica é superar a aprendizagem repetitiva e arbitrária; é adotar outras práticas de ensino, investindo nas habilidades de análise, interpretação e aplicação em situações práticas; é assumir a cartografia como linguagem e como metodologia para a construção do conhecimento geográfico; é analisar os fenômenos em diferentes escalas; é compreender a dimensão ambiental, política e socioeconômica dos territórios, dando, dessa forma, sentido e significado para a educação geográfica.

Referências bibliográficas

ARNAY, J. Reflexões para um debate sobre a construção do conhecimento na escola: rumo a uma cultura científica escolar. In: RODRIGO, M. J.; ARMY, J. (Orgs.). *Conhecimento cotidiano, escolar e científico*: representação e mudança. São Paulo: Ática, 1998.

BACHELARD, G. *A formação do espírito científico*: contribuição para uma psicanálise do conhecimento. Rio de Janeiro: Contraponto, 1996.

CALLAI, H. C. O estudo do lugar e o livro didático no ensino e na aprendizagem da geografia. In: FERNÁNDEZ CASO, M. V.; GUREVICH, R. *Didáctica de la geografia:* prácticas escolares y formación de profesores. Buenos Aires: Biblos, 2014. p. 61-74.

CARVALHO, A. M. P. de. Critérios estruturantes para o ensino de ciências. In: CARVALHO A. M. P. (Org.). *Ensino de ciências:* unindo a pesquisa e a prática. São Paulo: Pioneira Thomson Learning, 2004. p. 1-17.

FORQUIN, C. *Escola e cultura*. Porto Alegre: Artes Médicas, 1993.

GIROUX, H. A. *Placeres inquietantes*. Madri: Paidós Educador, 1996.

GOMES, P. C. da C. *O lugar do olhar:* elementos para uma geografia da visibilidade. Rio de Janeiro: Bertrand Brasil, 2013.

KOLSTØ, S. D. Scientific literacy for citizenship: tools for dealing with the science dimension of controversial socio scientific issues. *Science Education*. v. 85, n. 3, p. 291-310, maio 2001.

LE GOFF, J. *Por amor às cidades*. 2 ed. São Paulo: Editora Unesp, 2000.

LEFEBVRE, H. *La producion de l'espace*. Paris: Anthropos, 2000.

LIBÂNEO, J. C. *Didática*. São Paulo: Cortez, 1993.

MACEDO, L. *Ensaios construtivistas*. São Paulo: Casa do Psicólogo, 1994.

MBAJIORGU, N. M.; ALI, A. Relationship between STS. Approach, scientific literacy and achievement in biology. *Science Education*, v. 87, n. 1, p. 31-39, jan. 2003.

MEIRIEU, P. *Aprender... sim, mas como?* Porto Alegre: Artes Médicas, 1998.

MORAES, J.V.; CASTELLAR, S. M.V. Conteúdos e conceitos geográficos a partir de uma reflexão crítica sobre cidadania. In: ARCE, X. M; LESTEGÁS, F. R.; QUINTÁ, F. X. A. (Orgs.). *Ensinar Geografia:* realidades e propostas no Brasil e Galiza. Santiago de Compostela: Andavira, 2015, p. 101-127.

MORAES, J. V. *A alfabetização científica, a resolução de problemas e o exercício da cidadania:* uma proposta para o ensino de geografia. Tese (Doutorado). São Paulo: Faculdade de Educação, Universidade de São Paulo. 2010.

PIMENTA, S. G. *O estágio na formação de professores*: unidade teoria e prática? São Paulo: Cortez, 1994.

PULGARÍN, M. R. Hacia la integración del plan de área de ciencias naturales y sociales desde el estudio del territorio y la formación en competencias. In: BEDOYA, C. B.; PULGARÍN, M. R. *et. al. Hacia el desarrollo de una actitud científica en la escuela desde la enseñanza de las ciencias.* Medellín: Artes y Letras, 2008. p. 33-54.

RODRÍGUEZ, A. C.; LACHE, N. M. *Concepciones e imágenes de ciudad.* Bogotá: Universidad Pedagogica Nacional. CIUP, 2015.

SOJA, E. El tercer espacio. Ampliando el horizonte de la imaginación geográfica. *Geographikós*, n. 8, 1997.

SOUTO GONZÁLEZ, X. M. *Didáctica da geografía.* Barcelona: Del Serbal, 1999.

TAMAYO, A. L. G.; PULGARÍN, R.; CASTELLAR, S. M. V. F. Enfoques geográficos, estrategias didácticas y formación ciudadana en Medellín (Colombia) y São Paulo (Brasil). In: FERNÁNDEZ CASO, M. V.; GUREVICH, R. *Didáctica de la geografía:* prácticas escolares y formación de profesores. Buenos Aires: Biblos, 2014. p. 33-60.

ZABALLA, A. *Como trabalhar os conteúdos procedimentais.* Barcelona: Graó/ICE, 1999.

7

A formação de professores de educação física na rede municipal de São Paulo e o movimento de reorientação curricular

Maria Emilia de Lima e Marcos Garcia Neira

Não foram poucos os sistemas municipais, estaduais e privados que elaboraram e procuraram implementar currículos na primeira década do século XXI. A rede municipal de São Paulo participou ativamente desse movimento com a produção de propostas que se fizeram acompanhar de uma política de formação contínua para os professores.

Na área da educação física, em 2006, foi produzido um documento: o "Referencial de expectativas para o desenvolvimento da competência leitora e escritora no ciclo II do ensino fundamental – educação física" e, em 2007, foram elaboradas as "Orientações Curriculares e proposição de expectativas de aprendizagem do ensino fundamental I", que contém uma seção destinada ao componente, e as "Orientações Curriculares e proposição de expectativas de aprendizagem do ensino fundamental II".

Todos explicitam os pressupostos da educação física pautada na perspectiva cultural (NEIRA, 2011). Destacam que o repertório de práticas corporais característico dos membros da comunidade escolar configura-se como objeto de estudo. Consequentemente, definem que as atividades desenvolvidas nas aulas devem permitir aos alunos o acesso a informações e análises dos próprios referenciais e experiências culturais corporais, possibilitando-lhes o aprofundamento na compreensão daquele patrimônio e nas características dos seus representantes. Da mesma forma, sinalizam para a importância da problematização das práticas corporais que se encontram distantes do universo vivencial dos alunos, possibilitando-lhes assim a ampliação dos "conhecimentos a respeito do próprio patrimônio e do patrimônio da cultura corporal dos outros grupos que compõem a sociedade" (SÃO PAULO, 2007, p. 44).

A condução das atividades de ensino organizadas pelo professor com a participação dos alunos e a seleção das expectativas de aprendizagem, segundo as Orientações Curriculares do município, devem atender a três princípios básicos: o equilíbrio na distribuição das temáticas de estudo tomando como referência os grupos culturais em que elas se originaram; o entendimento de que as diferenças entre grupos e pessoas são culturalmente construídas; e a contextualização das práticas corporais no seu espaço de produção e reprodução (SÃO PAULO, 2007).

Segundo informações coletadas por Françoso (2011), os documentos foram elaborados por uma equipe de assessores contratados pela Secretaria Municipal de Educação de São Paulo (SME-SP) e por professores da rede que compuseram o chamado Grupo Referência. Durante o processo de escrita, os documentos foram submetidos à consulta pública em eventos que contaram com a participação de professores, coordenadores pedagógicos e supervisores escolares.

Uma vez concluída a proposta curricular, foram organizadas diversas ações formativas que incluíram cursos presenciais para análise e discussão dos pressupostos teórico-metodológicos que subsidiam o documento, seminários em que foram apresentados relatos de prática e encontros para debater a política formativa da rede. Após a publicação dos documentos, o Grupo Referência seguiu com as reuniões e assumiu o planejamento e a condução das atividades formativas.

A política de formação contínua de professores instalada pela SME-SP tencionou aproximar a ação educativa aos pressupostos dos documentos institucionais. Todavia, ouvindo os professores que participaram das ações formativas, constatamos posicionamentos contraditórios. Embora julgassem pertinentes as mudanças propostas pelo novo currículo, tendo em vista o enfrentamento dos desafios da prática, não raro os educadores relatavam ações didáticas desencontradas, descontextualizadas e voltadas quase inteiramente para a fixação de gestualidades e comportamentos que ecoavam os ruídos de um currículo esportivista (NEIRA; NUNES, 2009). Em contrapartida, também é verdade que socializavam com os colegas atividades de ensino que consistiam em mapear os conhecimentos dos educandos relativos à cultura corporal, aproximando-se dos procedimentos didáticos sugeridos pela nova proposta. Enfim, confirmando os achados de Aguiar (2014), podemos dizer que os professores de educação física colocavam em ação um currículo que ora se afastava, ora se aproximava da proposta oficial.

Maldonado (2012), ao investigar as concepções dos professores de educação física sobre a proposta curricular municipal, assinalou a existência de dificuldades e facilidades no desenvolvimento de aulas fundamentadas na perspectiva cultural. Constatar que um grupo de educadores realiza a ação didática mais ou menos de forma coerente com as orientações curriculares oficiais e que, por vezes, consegue vencer os obstáculos dispostos pelo novo trato pedagógico nos leva a concordar com Kramer (1997) sobre a necessidade de articular a proposição de currículos às políticas de formação contínua de professores.

Desse modo, os estudos realizados por Aguiar (2014) e Lima (2015) denotam que as ações formativas implementadas pela SME-SP entre os anos de 2006 e 2012 com os professores de educação física constituem-se em uma experiência bem-sucedida de aproximação entre os educadores e o movimento de reorientação curricular. Neste texto, sintetizamos os aportes teóricos que subsidiaram a política de formação contínua do componente e analisamos as atividades realizadas.

As ações formativas para educadores

As mudanças que vêm ocorrendo nos campos social, político e educacional influenciam o campo curricular e as diferentes formas de pensar a formação dos sujeitos. Nos últimos 20 anos, houve uma transferência de competências educacionais dos entes centrais do sistema para os poderes locais e em direção à sociedade, coincidindo com a dinâmica estabelecida para os processos de descentralização política e administrativa do Estado (RODRIGUEZ; VIEIRA, 2012).

Esse contexto político descentralizado, no qual a ação pública estatal redefine suas formas de intervenção em âmbitos social e educacional, somado ao quadro de mudanças nos contextos locais e globais; reformas educacionais; novas subjetividades profissionais; diversidade cultural etc., fez incluir nas agendas políticas os programas de reorientação curricular e mudanças na formação dos docentes.

Se considerarmos que os cursos de formação básica dos professores não têm propiciado uma adequada base para atuação profissional (GATTI, 2008) e, principalmente, que projetos de formação docente têm atraído a atenção de diferentes setores da sociedade diante da possibilidade de obtenção de lucros e de controle das finalidades educacionais, temos um panorama propício à disseminação de políticas de formação contínua de professores.

Fusari (1996) conceitua a formação contínua como a formação profissional no local de trabalho e a partir dele. Esse processo tem necessariamente, como fio condutor, a prática profissional em permanente transformação. Desencadeia possibilidades de crescimento pessoal-profissional do educador e propostas de produção de conhecimentos na área. Em linhas gerais, para o autor, a formação contínua "subsiste com um 'currículo' em construção, aberto e sintonizado com as exigências do aperfeiçoamento permanente do professor" (FUSARI, 1996, p. 159). Enfim, o autor advoga que qualquer projeto realizado na escola ou em outro local precisa que algumas condições sejam asseguradas.

É preciso que os educadores sejam valorizados, respeitados e ouvidos. Que os saberes advindos de suas experiências sejam valorizados; que os projetos identifiquem as teorias que eles praticam, e criem situações para que analisem e critiquem suas práticas, reflitam a partir delas, dialoguem com base nos novos fundamentos teóricos, troquem experiências e proponham formas de superação das dificuldades (FUSARI, 1996, p. 170).

Nos locais de trabalho, em centros de formação ou mesmo pela *web*, propostas de formação contínua de professores têm sido desenvolvidas por instituições públicas e privadas. "É comum que governantes convoquem a formação contínua como 'solução mágica' para melhorar o aproveitamento dos alunos, sempre sob a alegação de que os professores são mal formados" (LIPPI, 2009, p. 74), ou seja, "trata-se do argumento da incompetência, cujo cerne afirma que a principal causa para a baixa qualidade do sistema educacional é, justamente, a incompetência dos professores". (SOUZA, 2006, p. 484).

Especialmente nas redes públicas, as propostas de formação contínua implicam uma vastidão de possibilidades. O discurso da necessidade de preparar melhor o professor corresponde, por um lado, à desqualificação dos cursos de formação inicial e, por outro, à necessidade de melhoria da qualidade de ensino.

A título de exemplo de como vem sendo avaliada a formação inicial para professores de educação física, Rodrigues (1998) destaca o fato de os cursos de licenciatura preocuparem-se demasiadamente com a formação técnica derivada do conhecimento científico. Em contrapartida, minimizam os conflitos de natureza diversa que surgem na ação pedagógica e que exigem muito mais do professor do que seu conhecimento sobre as técnicas.

Gatti (2008) pondera que a educação contínua foi colocada justamente como aprofundamento e avanço nas formações dos setores profissionais da educação, o que exigiu o desenvolvimento de políticas nacionais ou regionais. Inicialmente, a atual Lei de Diretrizes e Bases da Educação Nacional (LDB 9394/96) respaldou e redistribuiu as responsabilidades quanto à formação de professores. Na sequência, as iniciativas sucessivas na esfera pública instituíram regulamentações que asseguram aspectos mínimos de qualidade. Finalmente, observou-se a emergência de uma regulamentação mais clara e específica relativa a projetos de cursos de especialização e formação a distância. Todavia, é importante considerar o alerta de Gatti (2008, p. 60): "com a multiplicação da oferta de propostas de educação contínua, apareceram preocupações quanto à 'criteriosidade', validade e eficácia desses cursos".

Em linhas gerais, as ações formativas que acompanham a reorganização de currículos pautam-se na ideia de que é preciso habilitar o professor e convencê-lo a fazer algo elaborado por outrem. Esse modelo formativo descaracteriza os saberes do educador, bem como o contexto no qual atua. Define-o como mero executor. Ora, discutir formação docente passa pelo respeito a princípios técnicos, éticos e políticos. Ou melhor, é importante considerar, para fins de propostas de formação contínua, as ações e as intenções do professorado. Assim como não se pode falar de uma prática pedagógica neutra, tampouco falaríamos em formação permanente de professores como um fenômeno isolado da formação política (GÜNTHER; MOLINA NETO, 2000).

Nessa perspectiva, reconhece-se o professor como um sujeito que se constitui com base nas experiências vividas, nos contextos em que participa, enfim, com base em sua concepção de mundo e sociedade. Em semelhança aos demais, o professor de educação física traz para sua ação profissional aspectos hibridizados de suas experiências anteriores à graduação, dos conhecimentos acessados no curso superior, de tudo o que aprendeu com seus colegas professores nas escolas e da realidade cotidiana das salas de aula. Advém daí a necessidade de valorização da formação contínua tendo como base o contexto de trabalho, da experiência profissional e da possibilidade de tomada de decisão por parte do coletivo de professores.

Esse posicionamento tem por base, entre outros, os achados de Gatti e Barreto (2009), quando observam que propostas inspiradas no conceito de capacitação cederam lugar a um novo paradigma, mais centrado no potencial de autocrescimento do professor e no reconhecimento de uma base de saberes já existentes no seu cabedal de recursos profissionais. O protagonismo do professor passou a ser valorizado e a ocupar o centro das atenções e das intenções nos projetos de formação contínua.

Imbernón (2009) também questiona o sistema de formação padrão baseado em treinar o professor, oferecendo-lhe quase exclusivamente cursos sobre didática. Nesse modelo, é o formador quem seleciona as atividades para alcançar os resultados esperados. A base científica dessa forma de tratar a formação permanente é a racionalidade técnica que apresenta ações generalizadoras para os diferentes contextos educativos. Com esse pensamento, tem-se a ilusão de que "mudando o professorado por igual, também se modificariam a educação e suas práticas, sem levar em conta a idiossincrasia das pessoas e do contexto" (IMBERNÓN, 2009, p. 51).

Durante as últimas décadas, abriram-se importantes brechas nessa pedagogia do subsídio e da dependência. A transmissão de conhecimento de forma tradicional (textos, leituras etc.) entrou em crise e apontou para a necessidade de estabelecer novos e diferentes modelos relacionais e participativos na prática da educação. Baseando-se nessas constatações, Imbernón (2009) afirma que a formação permanente do professorado deve gerar verdadeiros projetos de intervenção. Significa, segundo ele, privilegiar a reflexão sobre a prática; criar redes de inovação e possibilitar intervenção direta do professorado na formação com base nas necessidades percebidas pelo coletivo.

Assim, a proposta é a progressiva substituição da formação padrão dirigida por *experts* acadêmicos que dão soluções a tudo por uma ação que se aproxime do contexto das instituições educativas e da ideia de que o professorado pode gerar conhecimento pedagógico e questionar práticas uniformizantes. É necessário que a nova proposta se estruture com base em situações-problema da ação cotidiana com o objetivo de responder às necessidades definidas na escola. Esse encaminhamento requer o papel construtivo e criativo de cada um no processo de planejamento e decisão, valorizando o diálogo, o compromisso e a colaboração (IMBERNÓN, 2009).

O processo de colaboração pode ajudar a entender a complexidade do trabalho educativo e produzir melhores respostas às situações enfrentadas no cotidiano, uma vez que prioriza o desenvolvimento de habilidades individuais e grupais de intercâmbio e diálogo. Entretanto, para que mudanças ocorram na ação didática propriamente dita, cabe lembrar primeiro que as estruturas organizativas escolares não foram concebidas para favorecer o trabalho colaborativo. E, em segundo lugar, que a prática educativa muda apenas quando o coletivo de professores quer modificá-la e não quando o formador diz ou apregoa.

Pelo encaminhamento dado às questões da formação do professorado, é imprescindível que o processo transite para uma abordagem mais transdisciplinar e que dote o professor de instrumentos ideológicos e intelectuais para compreender e interpretar a complexidade na qual ele vive e que o envolve. Tudo isso implica uma organização minimamente estável, além da atenção especial à diversidade no modo de pensar e agir dos professores.

Escapando de uma perspectiva idealista, Imbernón (2009) registra alguns obstáculos que precisam ser transpostos para que a formação permanente produza melhores resultados na educação e em suas práticas, assim como na valorização do magistério:

- falta de coordenação, acompanhamento e avaliação por parte de instituições e serviços envolvidos nos planos de formação permanente;
- dificuldade de participação de muitos professores nas ações de formação e horários inadequados para a formação;
- modalidades formativas, ditas de caráter grupal, na verdade se dirigem ao indivíduo;
- contradição existente ao estabelecerem-se alguns princípios de discurso teórico indagativo e discurso prático de caráter técnico, individual ou de treinamento docente;
- falta de formadores ou assessores;
- formação baseada num tipo de transmissão normativo-aplicacionista ou em princípios gerencialistas;

- processo de formação voltado à melhoria da cultura do docente, mas não à mudança e à inovação;
- formação vista apenas como incentivo salarial ou de promoção e não como melhoria da profissão, que pode provocar uma burocratização mercantilista da formação.

Concordamos que é preciso atentar aos limites que se interpõem entre objetivos das ações formativas e as reais condições de trabalho do professorado. Consideramos a necessidade de rever as condições tanto de participação de professores nos cursos ofertados como de acompanhamento e avaliação por parte dos setores responsáveis pelo planejamento desses cursos. Ademais, precisamos considerar que a formação no local de trabalho facilita a participação de grande parte dos professores, favorece a integração e a contextualização e, por fim, assegura a valorização dos profissionais.

O que podemos apreender, pelo exposto até aqui, é que há um conjunto não desprezível de ideias sobre processos de formação de professores e de alternativas já experimentadas nos sistemas de ensino, por iniciativa das três esferas governamentais. O que não foi possível levantar foram dados sistemáticos de acompanhamento e avaliação das ações desenvolvidas."Não se dispõe, ainda, de avaliações de seguimento posterior aos programas públicos implementados: ou seja, o que se consolidou em novas práticas no chão das escolas" (GATTI, 2008, p. 64).

Corroborando com a discussão, Estrela afirma que, do muito que se publica em todo o mundo acerca de formação contínua, decepciona o número "relativamente reduzido de estudos descritivos, explicativos ou interpretativos que originem um corpo científico minimamente consistente que vá para além das nossas crenças e do discurso retórico sobre a formação" (ESTRELA, 2001, p. 28).

Em meio à complexidade dos tempos atuais, em que correntes do pensamento tendem a pôr em evidência o valor da linguagem como processo de construção e limite do nosso mundo, a autora afirma que diferentes discursos têm permitido uma inteligibilidade diferente do fenômeno formativo e tem questionado algumas das nossas crenças mais enraizadas. Refere-se aos discursos: científico, reflexivo, oficial e o dos formandos.

O discurso científico é resultante das pesquisas que têm por objeto a problemática docente. Tende a valorizar as interações do professor com os contextos institucionais e sociais do seu trabalho e a valorizar as práticas que favoreçam a autonomia e a assunção de um projeto profissional. Ao mesmo tempo, tem apresentado as dificuldades de uma formação que satisfaça aos seus destinatários, sobretudo no que diz respeito à difícil articulação entre teoria e prática.

O discurso reflexivo apresenta-se igualmente como discurso científico. Reúne os textos que se embasam em uma seleção pontual de resultados da investigação empírica e tendem à generalização. Traz, segundo a autora, efeitos perversos sobre a formação:

- um discurso generalista e universalizante em manifesta contradição com o relativismo cultural;
- a reprodução de algumas das suas ideias-chave em *slogans* ou *chavões* geradores de equívocos conceituais (professor reflexivo, identidade profissional, proletarização, desqualificação, formação emancipatória);
- a desprofissionalização da função docente. Ao separar a racionalidade técnica da racionalidade prática, não só não se considera o fato de que muito da investigação científica das últimas décadas é feito dentro das escolas, como se estabelece uma confusão entre o conhecimento científico e a utilização desse conhecimento por quem tem o poder de o tornar prescritivo;
- a tendência de substituir a investigação na prática pelo discurso reflexivo e especulativo sobre a formação. É preciso que não se negligencie a margem do possível, que só a análise sistemática do real pode determinar, para não destruir as oportunidades de uma aproximação ao ideal.

A linguagem das ciências da educação é apropriada pelo discurso oficial da formação para conferir uma aparência de seriedade e rigor às políticas educativas que se pretende implantar ou para criar a ilusão de que se pretende implantar. Além disso, ao prescrever tantas funções ao professor, corre-se o risco de afastá-lo da função de organizador da aprendizagem, ou melhor, de construtor do currículo no seu sentido lato, seja em nível da sala de aula ou da escola. No entanto, a formação do professor em relação ao desenvolvimento curricular não parece ser uma preocupação dominante dos poderes públicos, parecendo remetê-la para uns tantos especialistas formados por meio do regime de formação especializada (ESTRELA, 2001).

Finalmente, o discurso dos formandos ou dos supostos beneficiários da formação constitui-se, muito frequentemente, em algo bastante estereotipado, quer sobre as motivações para a formação, quer sobre as razões de satisfação ou insatisfação dela. Ressalve-se o discurso dos formandos que participaram em projetos de investigação-ação ou investigação-formação, muito mais reflexivos em relação às razões da sua satisfação e/ou insatisfação, o que pode indiciar que a formação exige tempo de reflexão e de maturação. Segundo a autora, o comentário dos professores, que se ouve nos corredores e nas salas de professores, "parece ser conotado com uma apreciação negativa da formação, apesar de emitido muitas vezes por quem, na hora da avaliação, não teve coragem de expressá-lo" (ESTRELA, 2001, p. 35).

Pela força que tem a linguagem na constituição da realidade das instituições que preparam os educadores para a atuação profissional, Lippi (2009) apresenta uma reflexão sobre a influência dos discursos neoliberais e pós-modernos na fundamentação das justificativas que apontam a necessidade de uma política sistemática de formação contínua de professores.

Segundo o autor, entre as disputas políticas, ideológicas e discursivas está a formação de professores, inicial e contínua, como constituinte do processo de adequação da educação escolar aos "novos" tempos. No caso, a política de formação contínua para preparar os professores da educação básica absorveu os discursos de flexibilidade, independência, responsabilidade, polivalência, iniciativa, tomada de decisão, comunicabilidade, capacidade de invenção/inovação, cooperação e criatividade. Nessa perspectiva, o investimento na educação escolar e na formação dos professores foi ampliado para atender à lógica do capital, ou seja, para promover a inserção das pessoas no mercado de trabalho e aumentar as possibilidades de ascensão social individual.

A despeito da legislação em vigor (BRASIL, 1996), entre os neoliberais, a formação deixa de ser um direito do professor e passa a ser um dever. "Tal inversão é sentida pela força discursiva que atribui os fracassos do sistema escolar ao professor, o qual deve se preparar para realizar a tarefa que lhe cabe nesse modelo social neoliberal" (LIPPI, 2009, p. 83).

A necessidade de compatibilizar as características da contemporaneidade com os processos formativos exige uma nova configuração das políticas de formação de professores. Significa debater e discutir possibilidades de políticas formativas que atinjam e mobilizem o coletivo da escola. Em outras palavras, faz-se necessário "abordar os modos pelos quais a linguagem e a cultura interagem com as experiências cotidianas e se tornam poderosos determinantes da ação humana" (LIPPI, 2009, p. 209).

Nessa direção, Cunha (2013) afirma que se instalaram, a partir dos anos 2000, no campo da formação de professores, "estratégias de narrativas culturais e a compreensão do conceito de desenvolvimento profissional". Essa tendência considera a formação um processo subjetivo, ou seja, compreende que "os estímulos externos podem ser importantes, mas precisam contar com o significado que o professor atribui à experiência de formação" (CUNHA, 2013, p. 619).

Assim, a formação de educadores, na perspectiva da reconstrução social, pode vir a desconstruir discursos que valorizam os interesses do mercado e a hegemonia de algumas concepções teóricas em que a fragmentação do saber e a manutenção de padrões tradicionais de valores têm lugar central.

Sem nenhuma intenção de generalizar, Günther e Molina Neto (2000) buscaram compreender os significados atribuídos pelos professores à formação oferecida pela Secretaria de Educação de Porto Alegre e os possíveis efeitos dessa formação na prática. Em relação às respostas fornecidas por grande parte dos professores de educação física entrevistados, destacam:

- a escola como o *locus* privilegiado de formação permanente;
- a revisão da prática pedagógica como um dos possíveis efeitos da participação nas atividades de formação;
- a formação oferecida como desencadeadora de uma série de questionamentos, reflexões e de reelaboração de práticas pedagógicas, embora nem sempre de forma direta;
- a ênfase na necessidade e no desejo de participação de forma mais efetiva em todos os momentos do processo formativo.

Enfim, foi possível observar um processo de mudanças de concepções e práticas pedagógicas, muito embora a participação em eventos de formação fora da escola, ressaltada pelos professores como uma oportunidade importante, perca muito de seu impacto quando eles retornam às suas unidades educacionais e não encontram um ambiente de discussão com seus colegas.

A formação contínua de professores de educação física na rede municipal de São Paulo

Embasando-nos no diálogo com os autores acima arrolados, remetemo-nos ao contexto de formação de professores de educação física da rede paulistana de escolas entre 2006 e 2012. Podemos afirmar, em relação ao trabalho realizado, que a finalidade de todas as propostas formativas (cursos, seminários, encontros com professores) foi a de apresentar e debater os pressupostos do currículo definido pela Secretaria Municipal de Educação de São Paulo para o componente curricular de educação física.

As atividades foram desenvolvidas tanto no espaço da própria Secretaria Municipal como em instituições educacionais de diferentes regiões da cidade. Atuaram como formadores dois professores universitários, uma assessora técnica da Secretaria da Educação e 11 professores de educação física titulares de cargo nas escolas da rede municipal. A metodologia utilizada permite afirmar que houve uma preocupação em situar o professor participante no centro de todo o processo. Ademais, o próprio currículo debatido – o currículo cultural de educação física – traz como pressuposto a valorização de todos os envolvidos na ação pedagógica – professores, alunos e comunidade educativa –, conforme se pode depreender do registro cronológico das ações formativas.

2007
- Distribuição do material produzido no período entre 2006 e 2007 pela Secretaria Municipal de Educação: "Referencial de expectativas para o desenvolvimento da competência leitora e escritora no ciclo II do ensino fundamental – educação física" e "Orientações Curriculares e proposição de expectativas de aprendizagens para o ensino fundamental II – educação física".

2008
- Fortalecimento da "sala de professores". Inicialmente, os professores representantes de cada uma das 13 Diretorias Regionais de Educação constituíram o Grupo Referência das Escolas de São Paulo (Gresp). A esse grupo foram proporcionadas assessoria e formação em reuniões mensais que se realizaram nas dependências da Secretaria Municipal de Educação. Na sequência, os assessores contratados ampliaram a formação do Gresp tencionando subsidiá-lo na elaboração conjunta das pautas das reuniões que se desencadearam nas diferentes regiões da cidade. O objetivo proposto foi que cada participante do Gresp, depois de ter passado por formação, se comprometesse em levar para outros professores, que como ele atuavam nas escolas, argumentos para fomentar as discussões acerca do currículo de educação física explicitado nos documentos oficiais. Esse trabalho resultou em momentos de intenso diálogo e discussão com professores de educação física, considerando as seguintes temáticas: 1) mapeamento e a prática de educação física; 2) a mediação e a vivência nas aulas de educação física; 3) leitura, interpretação e compreensão da linguagem corporal; 4) ampliação e o aprofundamento dos saberes culturais.

2009

- Reorganização do Gresp: ocorreram mudanças na constituição do Grupo com a saída de alguns professores e o ingresso de outros. A formação dos professores participantes foi mantida com a preocupação de fomentar discussões sobre o fazer pedagógico nas escolas.
- Foi implementada "A interface entre artes e educação física". Tratou-se de uma ação formativa cuja proposta foi enfrentar problemas de falta de integração dos diferentes componentes que instituem o quadro curricular da rede de educação paulistana. Mantendo a assessoria anteriormente contratada, esse trabalho foi desenvolvido em algumas escolas, no horário coletivo de professores do ensino fundamental I e professores do ensino fundamental II de artes e de educação física.
- Foi realizado o curso "O professor e o desenvolvimento curricular no ensino fundamental II", que atendeu professores de educação física em diferentes locais da cidade. Tencionou a discussão dos pressupostos teóricos que orientam a prática pedagógica de educação física.

2010

- Um grande encontro foi realizado com professores de educação física da rede para discussão e deliberação quanto à continuidade, ajustes necessários e recomposição do Gresp. Após nova configuração, foram mantidas a formação e a assessoria para a elaboração de sequências didáticas.
- O curso "Educação física em ação" objetivou estabelecer relações entre a concepção da área de educação física e as proposições de expectativas de aprendizagem. Foi oferecido aos professores no horário noturno e nas manhãs de sábado.
- Realizou-se um seminário com professores ingressantes para acolhimento e formação inicial, tendo em vista a discussão do currículo municipal de educação física.

2011

- Os participantes do Gresp entraram em contato com alguns professores de educação física e, com base no trabalho colaborativo, tencionaram problematizar e qualificar a prática pedagógica em andamento nas unidades educacionais.
- Realizaram-se os cursos "Educação física: códigos de comunicação e manifestações corporais" e "Orientações curriculares de educação física: fundamentos teóricos e metodológicos", ambos endereçados aos professores de educação física em horário distinto ao turno da regência em sala de aula do professor.
- Realizou-se o "Seminário para coordenadores pedagógicos na área de educação física: códigos de comunicação e manifestações corporais", que consistiu em discussões e problematizações com os coordenadores pedagógicos das unidades educacionais acerca do processo de planejamento, desenvolvimento das atividades de ensino, avaliação e expectativas de aprendizagens de educação física.
- Realizou-se o "Seminário orientações de educação física" para os ingressantes em mais um concurso público.

2012

- Após intenso período de formação, a continuidade do Gresp se deu por laços de confiança e responsabilidade. Os participantes, professores de educação física, assumiram a formação de seus pares. Atuando nas escolas, sem alteração da carga horária de trabalho, os professores do Gresp ministraram cursos tendo por propósito refletir sobre os conteúdos, os procedimentos didáticos e metodológicos indicados no Programa de Orientação Curricular do Ensino Fundamental, da Secretaria Municipal de Educação. Desenvolveram assim os seguintes cursos: "Práticas corporais na escola" e "Educação física escolar".
- Realizou-se o "1º Seminário de práticas pedagógicas em educação física – Seppef" – encontro entre professores e gestores

para o debate acerca do ensino de educação física, pautado nos documentos curriculares.

Como se pode constatar, grande parte das ações formativas (cursos, seminários, encontros e outros eventos com finalidade de formação para os educadores), que envolvem professores de educação física, teve como foco principal as Orientações Curriculares para o componente dessa disciplina da rede municipal de ensino. Nos encontros com professores e, algumas vezes, com coordenadores pedagógicos, foram apresentados os pressupostos teóricos e metodológicos consonantes com o currículo cultural, na perspectiva pós-crítica. Sem desmerecer outros currículos de educação física, foram discutidos os fundamentos e as orientações didáticas que subsidiam o currículo cultural, tendo em vista sua conformidade com a característica atual da população escolar, profundamente marcada pelas diferenças culturais.

Avaliação das ações formativas

Nas ações formativas acima descritas, para além de uma avaliação contínua com vistas ao ajuste das pautas, foi empregado também um instrumento formal para coletar as impressões dos participantes, o qual poderia ser respondido individualmente ou por pequenos grupos de professores, sem a necessidade de identificação. Dos mais de 500 participantes, a amostragem analisada corresponde a 214 respondentes.

O instrumento, elaborado pela equipe responsável pelas atividades formativas, iniciava com um espaço para preenchimento opcional dos dados de identificação do professor, seguia com uma comanda e apresentava cinco questões sobre: 1) estrutura; 2) temas e conteúdos; 3) metodologia; 4) responsável pela formação; e 5) participação. Depois de tabulados, a configuração dos dados está representada na Figura 1:

Prezado educador, responda a cada uma das questões conforme o quadro abaixo, colocando o número que corresponde à sua opinião.

1	2	3	4
Discordo totalmente.	Discordo em parte.	Concordo em parte.	Concordo totalmente.

Figura 1 – Configuração de dados.

Com base nos dados coletados, foi possível organizar a Tabela 2:

Tabela 2 – Temas e conteúdos e suas respectivas porcentagens.

	Temas e conteúdos	1 (%)	2 (%)	3 (%)	4 (%)
A	Corresponderam às minhas necessidades de formação.	1,8	2,3	29,9	82,1
B	Contribuíram para a construção de novos conhecimentos.	0	3,7	14,0	82,1
C	Têm aplicabilidade prática na minha ação profissional.	2,9	2,8	35,9	60,2
D	Favorecem a implementação das orientações curriculares.	0	10,9	30,8	77,5
E	Reorientam na construção de meu plano de trabalho.	0	3,2	34,1	62,1

A análise do material permite afirmar que a maioria dos professores participantes dos cursos oferecidos concordou em parte ou plenamente com o teor das atividades e que os temas e os conteúdos tratados corresponderam às necessidades de formação, no que diz respeito à reorientação do planejamento e da prática do componente curricular de educação física.

Vale a observação de que as ações implementadas incentivaram e subsidiaram o papel investigador do professor por meio de apresentações de textos de diferentes gêneros e suportes para serem lidos, interpretados e analisados. Segue a descrição de um desses cursos.

Curso "A ampliação e o aprofundamento dos saberes culturais como meio para alcançar as expectativas de aprendizagem". Justificativa: dentre as questões de natureza didática propostas no documento de Orientações Curriculares Educação Física, SME/DOT, destacam-se os processos de ampliação e aprofundamento dos saberes culturais. Essas ações articuladas aos objetivos da área e às expectativas de aprendizagem propostas fomentam o surgimento de novos olhares para as práticas culturais investigadas, possibilitando aos alunos e alunas outras formas de interpretação da gestualidade tematizada. Objetivo: este curso tenciona fornecer elementos para que os professores e professoras organizem e selecionem os procedimentos necessários para a elaboração de atividades de ensino, visando à apropriação de novos saberes àqueles identificados por meio do mapeamento inicial. (SÃO PAULO, 2008, p. 53)

Reconhecemos também que a política de formação da SME-SP implementada em diferentes Diretorias Regionais de Educação (DRE) da cidade favoreceu a participação dos professores e os repertoriou para uma atuação ativa e reflexiva. Haja vista que, na avaliação de um grande número de participantes, os temas e os conteúdos trabalhados nos cursos ofertados corresponderam às necessidades de formação contínua; contribuíram para a construção de novos conhecimentos; tiveram aplicabilidade prática na ação profissional; favoreceram a implementação das orientações curriculares; e reorientaram a construção dos planos de trabalho. Em outras palavras, o projeto apresentado para a formação de professores de educação física proporcionou mudanças na prática pedagógica e posicionou o professor como coautor do currículo.

Ao supor, como Günther e Molina Neto (2000, p. 80) que "os nexos que cada professor estabelece entre os conhecimentos apreendidos nas formações e a sua prática pedagógica são balizados por sua concepção de mundo, de sociedade, de homem e de educação", chegamos à singularidade de um professor que lançou mão de um conjunto de códigos ao relacionar-se com os alunos e com o ensino de educação física.

Cabe destacar que a interpretação do texto curricular foi ressignificada nas experiências formativas. Uma vez que o currículo oficial da SME-SP para a área de educação física se caracteriza pela flexibilidade quanto às situações reais, abrindo a possibilidade de os professores adequarem e modificarem suas práticas conforme a realidade local e o contexto de vida dos estudantes. As preocupações formativas realizadas equipararam-se também aos estudos culturais e ao multiculturalismo crítico, pelo olhar e pela análise das relações de poder, pela defesa por um espaço em que sejam trabalhadas as diversas produções dos grupos sociais, pela valorização daqueles que historicamente tiveram seus saberes e conhecimentos marginalizados e pela noção de que existem outros espaços pedagógicos fora da escola que precisam ser analisados.

Ressaltamos ainda que, apesar da dificuldade de atender à totalidade dos educadores, a formação docente influencia a visão e a representação sobre a prática pedagógica e a educação física. Também é importante frisar que as propostas formativas da SME-SP não visavam, como geralmente encontramos na área, à realização de cursos voltados para a transmissão de uma série de atividades ou mesmo à execução de aulas práticas ou à apresentação de modelos para serem reproduzidos na escola, tampouco se organizavam com base nesses elementos. Tendo por base o documento oficial, a pauta de formação apontava para a produção de dinâmicas em que os professores participantes nos cursos pudessem incorporar referentes de variados universos culturais na perspectiva de construção curricular. Significa que ouvir os professores era condição para conferir movimento e sentido aos encontros formativos.

Referências bibliográficas

AGUIAR, C. A. *Educação física no município de São Paulo:* aproximações e distanciamentos com relação ao currículo oficial. Dissertação (Mestrado em Educação). Faculdade de Educação, Universidade de São Paulo, São Paulo. 2014.

BRASIL. Lei de Diretrizes e Bases da Educação Nacional n. 9.394/1996. *Diário Oficial da União*. Brasília, 20 dez. 1996.

CUNHA, M. I. O tema da formação de professores: trajetórias e tendências do campo na pesquisa e na ação. *Educação e Pesquisa*, n. 3, p. 609-625, jul./set. 2013.

ESTRELA, M. T. Realidades e perspectivas da formação contínua de professores. *Revista Portuguesa de Educação*, v. 14, n. 1, p. 27-48, 2001.

FRANÇOSO, S. *Cruzando fronteiras curriculares:* a educação física sob o enfoque cultural na ótica de docentes de escolas municipais de São Paulo. Dissertação (Mestrado em Educação) – Faculdade de Educação, Pontifícia Universidade Católica, São Paulo. 2011.

FUSARI, J. C. Formação contínua de educadores: tecendo uma nova concepção. In: _____. *Formação contínua de educadores:* um estudo de representações de coordenadores pedagógicos da Secretaria Municipal de Educação de São Paulo (SMESP).Tese (Doutorado) – Faculdade de Educação, Universidade de São Paulo, São Paulo, 1996.

GATTI, B. A. Análise das políticas públicas para formação continuada no Brasil, na última década. *Revista Brasileira de Educação*, v. 13, n. 37, jan./abr. 2008.

_____.; BARRETO, E. S. S. A formação continuada em questão. *Professores do Brasil:* impasses e desafios. Brasília: Unesco, 2009.

GÜNTHER, M. C.; MOLINA NETO,V. Formação permanente de professores de educação física na rede municipal de ensino de Porto Alegre: uma abordagem etnográfica. *Revista Paulista de Educação Física*. 14(1), p. 72-84, jan./jun. 2000.

IMBERNÓN, F. *Formação permanente do professorado:* novas tendências. Trad. Sandra Trabucco Valenzuela. São Paulo: Cortez, 2009.

KRAMER, S. Propostas pedagógicas ou curriculares: subsídios para uma leitura crítica. *Educação e sociedade*. Campinas, ano XVIII, n. 60, p. 15-35, 1997.

LIMA, M. E. *Entre fios, "nós" e entrelaçamentos:* a arte de tecer o currículo cultural da Educação Física. Tese (Doutorado) – Faculdade de Educação, Universidade de São Paulo, São Paulo. 2015.

LIPPI, B. G. *Formação contínua de professores de educação física no estado de São Paulo:* quais as políticas em jogo? Dissertação (Mestrado em Educação) – Faculdade de Educação, Universidade de São Paulo, São Paulo. 2009.

MALDONADO, D. T. *Implementação da proposta curricular de educação física do município de São Paulo:* análise a partir do cotidiano escolar. Dissertação (Mestrado em Educação Física) – Universidade São Judas Tadeu, São Paulo. 2012.

NEIRA, M. G. *Educação física*. Coleção *A reflexão e a prática do ensino*, 8. São Paulo: Blucher, 2011.

_____.; NUNES, M. L. F. *Educação física, currículo e cultura*. São Paulo: Ed. Phorte, 2009.

RODRIGUEZ, A. T. A questão da formação de professores de educação física e a concepção de professores enquanto intelectual-reflexivo-transformador. *Pensar a prática*. Goiás, v. 1, p. 48-58, 1998.

RODRIGUEZ, V.; VIEIRA, M. Descentralização e formação continuada de professores na RMC. *Pro-Posições*, v. 23, n. 2 (68), p. 67-90, maio/ago. 2012.

SÃO PAULO (Cidade). Secretaria de Educação. Diretoria de Orientação Técnica. *Caderno de orientação didática*: referencial de expectativas para o desenvolvimento da competência leitora e escritora no ciclo II do ensino fundamental da área de educação física. São Paulo: SME/DOT, 2006. Disponível em: <www.portaleducacao.prefeitura.sp.gov.br>.

_____. Secretaria de Educação. Diretoria de Orientação Técnica. *Orientações curriculares e proposição de expectativas de aprendizagem para o ensino fundamental II* – educação física. São Paulo: SME/DOT, 2007. Disponível em: <www.portaleducacao.prefeitura.sp.gov.br>.

SÃO PAULO (cidade) 780 – Comunicado: *Diário Oficial da cidade*, 4 de junho de 2008, p. 53.

SOUZA, D. T. R. Formação continuada de professores e fracasso escolar: problematizando o argumento da incompetência. *Educação e Pesquisa*, v. 32, n. 3, p. 477-492, set./dez. 2006.

8

Formação continuada em língua inglesa

Lívia de Araújo Donnini Rodrigues

Este capítulo é uma decorrência das reflexões feitas ao longo dos últimos anos durante nossa atuação em projetos de educação continuada vinculados à Fundação de Apoio à Faculdade de Educação da USP (Fafe) com professores de língua inglesa de escolas de ensino fundamental e médio.

Propomo-nos aqui a tecer considerações sobre possíveis linhas norteadoras de um trabalho de formação continuada, bem como a suscitar elementos que nos levem a instaurar e afirmar, na formação, comunidades de prática profissional.

A identidade do ensino de língua inglesa

O cenário em que se insere a atuação dos profissionais da área de educação, em geral, e dos professores de língua inglesa, em particular, impõe desafios e exigências para os quais grande parte dos professores, dada sua formação inicial, não se vê preparada para enfrentar.

Ferro (1998), em seu estudo sobre a formação do professor de inglês na Universidade de São Paulo, constata a força e a aderência de um modelo de formação profissional idealizado. Esse modelo reduz o professor em formação a um especialista que, à luz de alguns embasamentos teóricos, deve conhecer e saber usar técnicas, bem como seguir metodologias para garantir o sucesso do ensino e, consequentemente, da aprendizagem. Esse tipo de formação, tal como se apresenta, parece "prestar-se à manutenção de formas burocráticas e rotineiras, nas quais impera o 'ensinar' para o 'saber-fazer' e em que nenhum dos polos (formador e aprendiz) interage para o seu desenvolvimento profissional" (FERRO, 1998, p. 160).

Paradoxalmente, espera-se, cada vez mais, que esse professor seja capaz de elaborar não só projetos individuais, no âmbito da disciplina que leciona, mas também coletivos, inserindo sua atuação no âmbito da escola; que tome decisões sobre como planejar, implementar e avaliar um projeto de ensino considerando aspectos como: a escolha e a organização do que e como ensinar, como trabalhar as diferenças individuais entre os aprendizes e como lidar com expectativas, limitações e demandas tanto da instituição em que atua, quanto dos pais e da sociedade como um todo. Espera-se, ainda, que esse professor seja capaz de lidar com essa complexidade de forma responsável e autônoma, implementando suas ações em contextos nos quais parâmetros são dados, mas não há roteiros fixos a serem seguidos. Enfim, trata-se de um profissional que desempenha o papel de protagonista na busca de sintonia em um campo em que, muitas vezes, múltiplas interferências conflitantes concorrem.

Entretanto, aliada a um processo histórico de construção, destruição e reconstrução da identidade do ensino de línguas estrangeiras na escola (LEFFA, 1999), assistimos à proliferação das crenças de que só se aprende uma língua estrangeira em escolas especializadas ou morando fora do país.

A maioria dos professores de língua inglesa que atuam na educação básica justifica esse quadro alegando que é impossível ensinar uma língua estrangeira em salas muito numerosas, em que há alunos com níveis de conhecimento muito diferentes.

No tocante à organização do ensino de línguas estrangeiras na educação básica, a Lei de Diretrizes e Bases da Educação Nacional (LDB) de 1996, em seu artigo 24, inciso IV, postula que "poderão organizar-se classes, ou turmas, com alunos de séries distintas, com níveis equivalentes de adiantamento na matéria, para o ensino de línguas estrangeiras, artes, ou outros componentes curriculares". Com base nessa orientação, algumas escolas – marcadamente as de ensino privado – firmaram convênios com institutos ou centros de língua com o intuito de oferecer aos pais a possibilidade de seus filhos frequentarem, na escola, um curso "bom", "sem custos adicionais", legitimando, assim, a impossibilidade do ensino de línguas estrangeiras na grade curricular e transformando a disciplina em um apêndice do currículo.

Contudo, a política e os objetivos de uma escola especializada de línguas não são, *a priori*, os mesmos da escola regular. Assim, há pelo menos três aspectos que merecem apreciação para que não acreditemos, ingenuamente, que uma escola de línguas possa solucionar os problemas do ensino de línguas na escola regular. Primeiro, porque a simples transposição da realidade em um contexto de ensino para o outro não garante a consecução dos objetivos educacionais da escola, mesmo porque ela acaba por descaracterizar a função do ensino de uma língua estrangeira como parte da formação geral do educando. Segundo, porque vivemos um momento de superação da visão tradicional de que é possível encontrar um "método ideal", capaz de equacionar todos os problemas decorrentes do processo de ensino e aprendizagem; e, no geral, nas escolas de línguas, o processo de escolha de uma abordagem de ensino – aqui entendida como os pressupostos teóricos acerca da língua e da aprendizagem – e de um método – rol de procedimentos e normas de aplicação desses pressupostos – não envolve, ou envolve muito pouco, a participação do professor. Por fim, as modalidades de formação profissional para professores que atuam nesses dois contextos guardam, ainda, inúmeras diferenças, especialmente em relação à regulamentação da atividade docente.[1]

---

1. Para ensinar em uma escola de línguas, o "instrutor" não precisa, necessariamente, ter curso superior, pois o critério principal para a escolha dos profissionais de ensino parece ser o domínio da língua estrangeira e o bom desempenho nas etapas de seleção, que incluem, em regra, um período de treinamento para que o instrutor conheça, pratique e aplique o método escolhido pela instituição de forma bem-sucedida.

A busca de um modelo de formação continuada e o processo de reconstrução da identidade profissional do professor de língua inglesa

No momento do ensino, ao conhecimento sobre o que é a língua e como indivíduos diferentes a aprendem, somam-se crenças e pressupostos que o professor tem sobre o que funciona melhor em sala de aula, ou seja, soma-se à teoria aprendida a teoria pessoal desse profissional do ensino. Prabhu (1990, p. 172-173) define teoria, em senso geral, como uma abstração que visa relacionar fenômenos distintos e complexos em um princípio único, ou em um sistema de princípios, para que se possa compreender determinado fenômeno. A teoria pessoal, em contrapartida, é vista como uma compreensão subjetiva da própria prática ou um senso de plausibilidade que confere coerência e direção ao trabalho docente.

Schön (apud STRAUSS, 1993, p. 281-286) propõe uma distinção entre o conhecimento que os professores possuem e revelam ao *falar sobre* a aprendizagem e o ensino (*espoused pedagogical content knowledge*) e o conhecimento que os professores possuem e revelam sobre esses mesmos temas *no momento* do ensino (*in-use pedagogical content knowledge*). Pesquisas indicam que esses dois âmbitos do conhecimento têm impactos diferentes na atuação profissional, pois constituem modelos, nem sempre conscientes, aprendidos não só durante o período em que o professor está em formação, mas também – e principalmente – ao longo de sua vida, antes de sua atuação profissional e durante esta. Advém dessa constatação a conclusão de que os cursos de formação têm reflexo apenas parcial sobre a formação da identidade profissional dos professores.

Wallace (1991) analisa a trajetória histórica da formação profissional e descreve três modelos:

- *Craft model* – segundo esse modelo de formação, a aprendizagem (ou aquisição do saber-fazer) se dá pela imitação das técnicas e pela obediência estrita às instruções e às recomendações dadas pelo mestre especialista, um profissional experiente na prática da profissão. Esse especialista é responsável pela perpetuação de seu ofício, mediante a demonstração aos futuros profissionais de um modelo idealizado *a priori,* visto como exclusivo, ideal.

- *Applied science* – nesse modelo de formação, questões relativas ao ensino são analisadas à luz da utilização de conhecimento científico, de domínio do pesquisador em diferentes áreas do conhecimento, como a linguística aplicada, a psicologia, a psicolinguística e a antropologia. Assim, a metodologia acaba sendo a aplicação dessas teorias, pois, em uma perspectiva instrumental, descreve, discute e exemplifica a aplicação prática de um conhecimento científico.
- *Reflective model* – esse modelo contempla tanto o conhecimento teórico adquirido quanto o conhecimento experimental, pois ambos influenciam as ações do professor, desde que se estabeleça um movimento constante entre prática e reflexão. O desenvolvimento da competência profissional é visto como um processo essencialmente dinâmico e recíproco, no qual o conhecimento, a prática e a reflexão, ao mesmo tempo, são influenciados e exercem influência na construção da identidade profissional.

Assim, a concepção de um curso de formação continuada que procure abordar a complexidade envolvida no desenvolvimento de um profissional autônomo e criador de novos percursos, inserido em um paradigma integrador, encontra sua fundamentação coerente no modelo reflexivo.

Entretanto, é preciso estar atento aos riscos de abraçar um modelo dessa natureza sem considerar a finalidade educativa associada ao ensino de determinado conteúdo curricular na escola. Em outras palavras, é preciso ouvir o que nos diz Zeichner (1993):

> Na minha opinião, há o perigo de uma pessoa se agarrar ao conceito de ensino reflexivo e de ir longe demais; isto é, de tratar a reflexão como um fim em si, sem ter nada a ver com objectivos mais amplos. Houve quem afirmasse explícita ou implicitamente que o ensino é

necessariamente melhor quando os professores são mais reflexivos, deliberados e intencionais nas suas acções e que o saber gerado pela reflexão merece necessariamente o nosso apoio, independentemente da sua natureza ou qualidade. Esta opinião ignora o facto de a reflexão poder, em certos casos, solidificar e justificar práticas de ensino prejudiciais para os alunos e minar ligações importantes entre a escola e a comunidade. Por outras palavras: por vezes, os professores reflexivos podem fazer coisas prejudiciais melhor e com mais justificações." (ZEICHNER, 1993, p. 25)

Além disso, é preciso aprofundar a compreensão que se tem sobre formação profissional, com o intuito de delinear a natureza do conhecimento específico da profissão *professor*, que vai além do conhecimento de seu objeto de ensino, no caso, a língua inglesa.

Ur (2002, p. 391) define alguns critérios que atribuem à atuação docente esse caráter profissional. Para a autora, professores são profissionais quando:

- formam uma comunidade na qual os membros têm interesse em interagir, constituindo, assim, um grupo identificável;
- comprometem-se a alcançar cada vez melhores padrões de atuação a fim de promover aprendizagem e assumem a responsabilidade inerente a seu papel;
- divulgam suas ideias – práticas ou teóricas – em eventos internos ou externos à instituição em que estudam ou em que trabalham;
- aprendem – e não apenas ensinam – continuamente, ou seja, leem, refletem e discutem não só sobre seu objeto de ensino (a disciplina que lecionam), mas, também, sobre novas abordagens e metodologias e sobre assuntos e temas de interesse cultural e social;
- são autônomos na busca do próprio desenvolvimento e não se colocam, portanto, na posição de reféns de dado sistema de ensino. Assumem, assim, coautoria sobre a própria cultura que se cria acerca do que significa ser um bom professor em determinado

momento da história e agem para ressignificar suas práticas em função dos contextos institucional, social, cultural e histórico em que atuam;
* compartilham a tarefa de formar novos profissionais, seja como formadores de novos professores seja como colegas de formação de professores iniciantes.

Se tomarmos como base o que foi delineado, pesquisar a prática – tanto em contexto acadêmico quanto no próprio contexto de trabalho – e divulgar os resultados dessa pesquisa assumem papel importante na formação do professor, pois são ações que propiciam a oportunidade de melhor compreender a própria profissão.

Além disso, como profissional, é preciso levar em consideração que as necessidades e os interesses do professor se modificam ao longo de seu amadurecimento profissional. Professores novatos ou em formação inicial provavelmente estarão mais preocupados com questões advindas do que ensinar ou do como ensinar; para esses profissionais, temas como a escolha de um livro didático ou de recursos didático-pedagógicos, o desenho curricular do curso em que atuam, as técnicas de apresentação de novos conteúdos linguísticos, a elaboração de unidades didáticas parecem assumir maior relevância. Professores mais experientes talvez queiram explorar perguntas ligadas aos valores que dados sistemas de ensino reproduzem ou quais os mecanismos subjacentes a determinadas práticas e culturas escolares, como os mecanismos disciplinares e as propostas de avaliação ou, ainda, como diferentes aprendizes se organizam para enfrentar suas dificuldades de aprendizagem.

Portanto, um curso de formação continuada requer a constituição de um espaço que promova não só o estudo sobre preocupações e inquietações teóricas acerca da natureza da linguagem, da aprendizagem e da organização do ensino, mas também que possibilite tomar e transformar os problemas e os desafios encontrados cotidianamente em motes para investigações situadas no contexto de trabalho e na trajetória de formação dos próprios professores.

Para que isso ocorra, é necessário que o formador atue a fim de promover situações de aprendizagem nas quais o professor em formação continuada possa relacionar o conhecimento adquirido formalmente (relativo aos conceitos, teorias e habilidades aceitos como parte do conteúdo intelectual necessário à profissão) ao conhecimento experimentado (adquirido e aprofundado em um processo de reflexão *sobre* e *na* atuação profissional), trazendo à tona interpretações que aproximem, de modo situado e contextualizado, a teoria (*espoused pedagogical content knowledge*) à prática (*in-use pedagogical content knowledge*).

Se, por um lado, na pedagogia centrada no produto, formar um professor significava treiná-lo para dar conta de determinado método, por outro, na pedagogia centrada no processo e na interação, que situa o aluno e o professor como sujeitos históricos e sociais, não se pode entender a formação do professor tão mecanicamente.

Delineado esse panorama, torna-se importante considerar a contribuição de uma formação[2] marcadamente reflexiva para que o professor de inglês estabeleça sua identidade profissional – uma identidade continuamente em formação – e, como consequência, colabore na reconstrução da identidade do ensino de línguas estrangeiras no contexto escolar.

A identificação de conflitos: algumas rupturas necessárias

Para que se possa avançar na discussão sobre a viabilização de novas propostas de ensino, há três aspectos bastante relevantes e recorrentes em nossa experiência em cursos de formação continuada que merecem destaque:

- *A falta de domínio do objeto de ensino* – Muitos professores resistem à ideia de repensar sua prática e superar um paradigma que

---

2. A própria utilização da palavra *formação*, e não *treinamento*, reflete uma predisposição para romper com a ideia de que professores sejam transmissores de conhecimentos prontos (cf. MONTEIRO, 1996, p. 47-54).

restringe o trabalho com a língua ao domínio de algumas estruturas gramaticais por possuírem pouca proficiência na língua inglesa. Isso faz que esses professores, na tentativa de garantir o controle sobre o conteúdo que ensinam, organizem seu trabalho com base na seleção de textos simples, descontextualizados, escritos como pretexto para ensinar determinado ponto gramatical, em geral um tempo verbal. Afinal, o professor só pode ensinar aquilo que sabe. Avançar de uma pedagogia centrada na língua como sistema para outra que focalize a relação entre os sujeitos – professor e alunos – e a linguagem na construção do conhecimento exige um professor autônomo, consciente da importância dos aspectos metodológicos, e também desenvolto no que diz respeito a seu objeto de ensino. Propor o trabalho com textos autênticos e dar a esse trabalho uma perspectiva pluricultural, por exemplo, demanda uma proficiência que vários professores não possuem. A formação continuada deve, então, criar oportunidades para o desenvolvimento do conhecimento pedagógico e do conhecimento linguístico, ou, na proposição de Freeman (2012), *professional knowledge and English-for-teaching*, a fim de fortalecer o profissional que está inserido em um contexto de mudança.

- *O ideal × o real* – Inserida em um cenário complexo, no qual são muitos os desafios para que se possa instaurar um ensino de qualidade, boa parte dos professores acaba sofrendo o que Graves (1996) chama de síndromes "se pelo menos" e "sim, mas". "Se, pelo menos, meus alunos fossem educados e prestassem atenção, eu conseguiria fazer um bom trabalho"; "se, pelo menos, eu tivesse mais recursos na escola, a realidade seria outra"; "se, pelo menos, os alunos tivessem mais motivação, tudo seria diferente"; "sim, é importante trabalhar com textos que tenham algo a dizer e problematizem questões ligadas à identidade de meus alunos, mas na minha realidade isso é impossível"; "sim, é preciso trabalhar com a capacidade de interpretação dos alunos, mas meus alunos não sabem nada ou mal sabem o português". Declarações como essas são apenas alguns exemplos dessas "síndromes" que dificultam o processo de ruptura com um paradigma que massifica, simplifica e descontextualiza o ensino da língua nas escolas. Essas "síndromes" são de fácil identificação, mas de difícil intervenção, pois constituem obstáculos institucional e socialmente validados de difícil superação e se apresentam como justificativas fortes contra quaisquer projetos pessoais ou coletivos de mudança.

- *O isolamento do professor* – Outra forte crença que permeia a atuação do professor é a de que seu trabalho ocorre, de fato, a partir do momento em que ele entra na sala de aula e fecha a porta. É na sala de aula que o professor faz o que acha certo, de acordo com seu julgamento pessoal, sem que sejam necessárias longas discussões ou negociações. Disso advêm o desprestígio e, muitas vezes, a sensação de perda de tempo de participar de momentos coletivos. Simultaneamente, esse isolamento vem acompanhado de uma percepção de fragilidade e de impotência diante dos desafios da educação escolar contemporânea. Romper com isso exige, a um só tempo, empenho na construção de um trabalho de equipe dialogado e significativo e também amadurecimento individual.

Com o intuito de lidar com essas questões tão importantes, faz-se necessária uma modalidade de formação continuada que promova vivências, problematizações, estudos, análises e tomadas de decisão acerca desses aspectos que envolvem a prática docente.

Um possível percurso: algumas considerações

Traduzindo as ideias até aqui delineadas em propostas de formação continuada, é importante encarar a formação como uma experiência significativa para quem dela participa, seja como formador seja como professor em formação, com vistas a estabelecer uma comunidade de prática profissional. Consequentemente, os encontros, sejam eles na modalidade de cursos, oficinas ou reuniões, devem envolver os participantes em atividades nas quais possam situar a própria ação pedagógica; por exemplo, por meio da partilha de seus planejamentos de curso, de seus planos de aula e das atividades de ensino que propõem a seus alunos (exemplos concretos de sua atuação nas escolas), em um movimento de ancoragem que possibilite, ao professor, vivenciar a experiência de veicular e falar sobre o seu fazer. Ante o desafio da proficiência, podem-se conciliar oportunidades de interação em língua inglesa aos momentos de ampliação de repertório, propondo sequências didáticas que abordem temas e investigações caros às questões educacionais contemporâneas e oportunizem a experiência, a teorização, a análise e a aplicação (COPE; KALANTIZIS, 2000; 2013) de conhecimentos de língua e pedagógicos por meio da própria língua inglesa; momentos de estudo e discussões que possam proporcionar reflexões teórico-metodológicas que exijam investigar e revisitar concepções subjacentes à prática, a fim de provocar mudanças ou reafirmar, de forma coerente, interpretações e posicionamentos já estabelecidos.

Trata-se de um possível caminho para romper com a visão de que os métodos de ensino externos, alheios às especificidades de cada contexto educacional – e, muitas vezes, impostos aos professores –, possam resolver os conflitos inerentes à prática pedagógica.

Nesse percurso, torna-se imperativo evidenciar que aprender uma língua não se restringe a aprender conscientemente um conjunto de regras e sua aplicação. Faz-se necessário avançar em direção a uma abordagem que propicie sucessivos encontros entre professor e alunos mediados pela linguagem verbal, na qual os professores passem a ser (co)idealizadores e (co)realizadores de cursos em que o ensino fragmentado da gramática normativa cede esse lugar privilegiado e quase exclusivo para o trabalho com textos (orais e escritos) que instaurem, na interação, diálogos culturais.

Um curso de formação continuada assim concebido pode propiciar a vivência de um processo de mudança, tanto no plano individual quanto no coletivo. Profissionais já bastante amadurecidos, na perspectiva de seu trabalho individual, podem repensar sua contribuição para o trabalho coletivo; outros podem vivenciar o amadurecimento de seu trabalho individual e rever a importância de aperfeiçoar, paralelamente, seus conhecimentos da língua.

Por isso, é importante lembrar que:

> nem todo trabalho individual significa isolamento, resistência a aprender o novo, e que nem todo trabalho coletivo significa avanço no interior da escola. A consolidação de culturas de trabalho coletivo requer a existência de profissionais com forte sentido de ação individual, com capacidade de pensar, produzir, atuar de forma autônoma. Nessa perspectiva, o trabalho individual contribui para um trabalho de equipe que torne a escola uma instituição capaz de aprender com e produzir o novo (MOREIRA, 1999, p. 139).

Assim, o trabalho de formação continuada situado nas realidades escolares pode representar uma contribuição na busca da melhoria da qualidade de ensino, na medida em que auxilia o professor a tornar-se cada vez mais consciente de que a formação de sua identidade profissional não depende somente da frequência a cursos de capacitação antes ou durante sua atuação em sala de aula. A formação dessa identidade é um processo mais abrangente e, necessariamente, implica um sujeito que constantemente reflita sobre o contexto de sua atuação, suas limitações e suas possibilidades, para que possa se tornar mais independente e capaz de buscar soluções para os problemas que enfrenta em seu dia a dia.

Referências bibliográficas

APPEL, J. *Diary of a language teacher*. Oxford: Heinemann, 1995.

BRASIL. Lei de Diretrizes e Bases da Educação Nacional n. 9.394/1996. *Diário Oficial da União*. Brasília, 20 dez. 1996.

BROWN, H. D. English language teaching in the 'post-method' era: toward better diagnosis, treatment, and assessment. In: RICHARDS, J. C.; RENANDYA, W. A. (Eds.) *Methodology in language teaching*: an anthology of current practice. Cambridge: Cambridge University Press, 2002.

COPE, B.; KALANTZIS, M. (Ed.) *Multiliteracies*: litteracy learning and the design of social futures. London, New York: Routledge, 2000.

_____. Multiliteracies and education. In: CHAPELLE, C. A. (ed.) *The encyclopedia of applied linguistics*. Chichester, West Sussex: Blackwell Publishing, 2013.

DONNINI, L.; WEIGEL, A.; PLATERO, L. *O ensino de língua inglesa*. São Paulo: Cengage Learning, 2010.

FERRO, G. d'O. M. *A formação do professor de inglês:* trajetória da prática de ensino de inglês na Universidade de São Paulo. Tese (Doutorado) – Faculdade de Educação, Universidade de São Paulo, São Paulo, 1998.

FREEMAN, D. *Doing teacher research* – from inquiry to understanding. Cengage Learning, 1998.

_____., KATZ, N., LeDREAN, L. *ELTeach* – Global pilot report. Cengage Learning, 2012.

GRAVES, K. (Org.). *Teachers as course developers*. Cambridge: Cambridge University Press, 1996.

LEFFA, V. J. O ensino de línguas estrangeiras no contexto nacional. *Contexturas:* ensino crítico de língua inglesa, n. 4, p. 13-24, 1999.

MOREIRA, A. F. É suficiente implementar inovações nos sistemas educacionais? *Revista da Faculdade de Educação,* v. 25, n. 1, p. 132-145, jan./jun. 1999.

MONTEIRO, D. C. Caminhos para a reflexão do professor sobre sua prática. In: *Contexturas:* ensino crítico de língua inglesa. n. 3, p. 47-54, 1996.

NÓVOA, A. *Os professores e sua formação*. Lisboa: Publicações Dom Quixote, 1992.

PIMENTA, S. G.; GHEDIN, E. *Professor reflexivo no Brasil:* gênese e crítica de um conceito. São Paulo: Cortez, 2002.

PRABHU, N. S. There's no best method. Why? *Tesol Quarterly,* v. 24, n. 2, p. 161-176, verão de 1990.

SCHÖN, D. A. *The reflective practitioner:* how professionals think in action. Londres: Temple Smith, 1983.

STERN, H. H. *Fundamental concepts of language teaching*. Oxford: OUP, 1983.

STRAUSS, S. Teachers' pedagogical content knowledge about children's minds and learning: implications for teacher education. *Educational Psychologist,* v. 28, n. 3, p. 279-290, 1993.

UR, P. The english teacher as a professional. In: RICHARDS, J. C.; RENANDYA, W. A. (Ed.) *Methodology in language teaching:* an anthology of current practice. Cambridge: Cambridge University Press, 2002, p. 388-392.

WALLACE, M. J. *Training foreign language teachers:* a reflective approach. Cambridge: Cambridge University Press, 1991.

WIDDOWSON, H. G. *O ensino de línguas para a comunicação.* São Paulo: Pontes, 1991.

ZEICHNER, K. M. *A formação reflexiva de professores:* ideias e práticas. Lisboa: Educa, 1993.